Das kleine Handbuch der Rhetorik ^{2100}

Gespräche führen

Zielorientierte und zeitsparende Gesprächslenkung

Horst Hanisch

© Zweite Auflage: 2019 by Horst Hanisch, Bonn

© Erste Auflage: 2017 by Horst Hanisch, Bonn

Bibliografische Information der Deutschen Nationalbibliothek: Die Deutsche Nationalbibliothek verzeichnet diese Publikation in der Deutschen Nationalbibliografie; detaillierte bibliografische Daten sind im Internet über dnb.dnb.de abrufbar.

Der Text dieses Buches entspricht der neuen deutschen Rechtschreibung.

Idee und Entwurf: Horst Hanisch, Bonn

Lektorat: Alfred Hanisch, Bonn; Annelie Möskes, Bornheim

Buchsatz: Guido Lokietek, Aachen; Horst Hanisch, Bonn

Umschlag: Christian Spatz, engine-productions, Köln; Horst Hanisch, Bonn

Zeichnungen: Horst Hanisch, Bonn

Herstellung und Verlag: BOD – Books on Demand GmbH, Norderstedt

ISBN: 978-3-7448-3970-9

Das kleine Handbuch der Rhetorik [2100]

Gespräche führen

Zielorientierte und zeitsparende Gesprächslenkung

Inhaltsverzeichnis

Einleitung

„Zielorientierte und zeitsparende Gesprächslenkung"

Oh Schreck, ein Kritikgespräch steht an. Sie haben einen Mitarbeiter bei einem unprofessionellen und möglicherweise sogar schädlichen Verhalten beobachtet. Er hat Ihre Beobachtung wahrgenommen, sodass Sie schon alleine deswegen aktiv werden müssen.

Wie bereiten Sie sich vor? Was ist Ihr Minimal- und Ihr Maximal-Ziel? Wo und wann wollen Sie sich treffen? Wie wollen Sie das Gespräch einleiten?

Diese und viele weitere Fragen gehen Ihnen vorab durch den Kopf und wollen beantwortet werden. Die gute Vorbereitung ist bereits die Hälfte des Gesprächserfolgs.

Im Gespräch selbst heißt es freundlich aber in einem gewissen Rahmen auch bestimmt aufzutreten.

Sorgen Sie dafür, dass am Ende ein greifbares und nachvollziehbares Ergebnis steht, mit dem beide Gesprächsteilnehmer einverstanden sind und das Sie gegebenenfalls auch dokumentieren.

Auch in anderen, ‚harmloseren' Gesprächen greift eine vergleichbare Vorgehensweise. Sie können durch Ihr professionelles Verhalten vor Ort zu einem kurzweiligen und erfolgreichen Gesprächsverlauf beitragen. Ihr Verhalten ist im Dialog wie auch in Diskussionsrunden vergleichbar. Gegenseitiger Respekt und der Wille, ein genau gestecktes Gesprächsziel zu erreichen, helfen im Gesprächs-Austausch.

Es wird Ihnen leichterfallen, wenn Sie ‚aktiv zuhören', Empathie zeigen und auch in Gesprächsrunden eine zielführende Vorgehensweise einsetzen.

Das gilt auch für ‚kritische' Situationen, in denen sich ein Konflikt anbahnt. Wird nicht aufgepasst, kann der Konflikt schnell eskalieren. Besser ist es, eine Konfliktlösung herbeizuführen.

Guten Erfolg bei Ihren Gesprächen!

Praxisnah, zeitgemäß und kompakt. Das sind drei interne Vorgaben für unsere Rhetorik-Ratgeber. In unserer Reihe der kleinen Rhetorik-Handbücher wird jeweils ein wesentlicher Teil aus dem umfangreichen Bereich der Rhetorik kompakt vorgestellt.

Die Themenbereiche sind beispielsweise den Büchern ‚Das große Buch der Rhetorik [2100]‘ oder ‚Trickreiche Rhetorik [2100]‘ vom selben Autor entnommen.

Die Zahl 2100 steht dabei für das 21. Jahrhundert, was die Aktualität der Themen unterstreicht. Diese entsprechen den heutigen Anforderungen im beruflichen Umgang miteinander.

Im vorliegenden Ratgeber „Rhetorik – Gespräche führen" wird schwerpunktmäßig auf folgende Themen eingegangen:

- Empathie, Authentizität und positive Grundeinstellung
- Dialogformen – Vom Monolog zum Dialog
- Moderation, Diskussion, Talk-Runde und Polit-Talk

Viel Erfolg bei der Vertiefung bestehenden Wissens und erfolgreichen Einsatz im Berufsleben.

Teil 1 – Empathie, Authentizität und positive Grundeinstellung

Einfühlungsvermögen und Einstellung

Schwierigkeiten in der Kommunikation vermeiden

Bei oberflächlicher Betrachtung sollte angenommen werden, dass es Menschen bereits kurz nach der Geburt möglich ist, miteinander zu kommunizieren.

Sie können sich ausdrücken und sagen, was sie wollen. Es dauert gar nicht so lange, bis sie Ironie und Zweideutigkeit ins Gespräch einbringen lassen.

So kann raffiniert gleichzeitig auf verschiedenen sprachlichen Ebenen geredet werden. Praktisch, nicht wahr?

Diese Vielfältigkeit bringt Abwechslung, Humor, gegebenenfalls aber auch Zwistigkeiten in die Kommunikation.

So müsste jedem alles eindeutig verständlich sein. Ist es aber nicht. In der zwischenmenschlichen Kommunikation wimmelt es nur so von Missverständnissen.

Einige sind absichtlich herbeigeführt. Die meisten treten ‚einfach so‘ auf. Nicht umsonst lauern überall mögliche Konflikte.

Ergänzung durch das Gehirn

Glücklicherweise ist das menschliche Gehirn fähig genug, um Gesagtes – zumindest meistens – richtig zu ergänzen beziehungsweise zu deuten.

Allerdings auch nur meistens. Hin und wieder kommt es tatsächlich zu bösen Missverständnissen, die unschöne Nachteile für einen oder für beide Gesprächspartner haben können.

In Gesprächen, in denen es ‚darauf ankommt‘, kann ein Missverständnis schwerwiegende, nicht gewollte Folgen haben.

Das heißt, dass es in vielen Gesprächen tatsächlich auf jedes Wort ankommt. Was will der Sprechende ‚wirklich‘ ausdrücken? Was soll der Hörende tatsächlich verstehen?

Vernünftige Gesprächsführung

Deshalb ist es richtig, über eine vernünftige Gesprächsführung nachzudenken.

Wie soll ein Gespräch aufgebaut werden? Was soll erreicht werden? Wie ist die eigene Einstellung zum Gesprächspartner?

Ist alles gut vorbereitet?

Positive Grundeinstellung

Betrachten wir zuerst die eigene Einstellung im Gespräch. Je nachdem, ob Sie positiv oder negativ in eine Gesprächssituation gehen, legen Sie selbst eine entsprechende Grundhaltung an den Tag.

Haben Sie eine positive Haltung, ist diese bereits eine gute Voraussetzung für ein erfolgreich verlaufendes Gespräch.

Gehen Sie hingegen widerwillig in ein Gespräch, wundert es kaum, wenn der Gesprächsverlauf unglücklich verläuft.

Der Volksmund behauptet: „Wie es in den Wald hineinruft, so schallt es heraus."

Gesprächsatmosphäre

Sie bestimmen selbst, wie die Gesprächsatmosphäre aufgebaut wird.

Unterstellen wir, dass Sie ein positives Ergebnis erzielen wollen – auch in kritischen Gesprächen – ist mit der angenehmen Atmosphäre die Basis für den Gesprächserfolg gelegt.

Win-Win-Strategie

In diesem Zusammenhang sei auf das Win-Win-Modell aus der Transaktionsanalyse von Eric Berne (1910 – 1970, US-amer. Psychologe) hingewiesen.

Er ist der Meinung: Wenn Sie sich selbst als Gewinner betrachten und Sie Ihr Gegenüber ebenso sehen, lässt sich eine gewünschte Gewinn-Gewinn-Situation erstellen.

Dazu zählen gegenseitige Wertschätzung, positive und konstruktive Dialogform, Einfühlungsvermögen, emotionale Intelligenz und andere.

Ich bin ok – du bist ok

Eric Berne machte sich bereits zu diesem Thema seine Gedanken.

Er entwickelte ein interessantes Modell, in dem er das Verhalten zweier Menschen zueinander betrachtet.

‚Ich' meint hierbei den Betrachter selbst. ‚Du' bedeutet das Gegenüber.

Lebensstrategie Win-Win

Ich bin o.k., du bist o.k.

Ich betrachte uns beide als Winner, als Gewinner.

Wenn Sie sich selbst als Gewinner des Lebens sehen, Ihr Gegenüber ebenso, können Sie positiv durchs Leben gehen.

Sie können konstruktive Kritik geben, aber auch annehmen.

Sie wissen, was emotionale Intelligenz bedeutet und haben sich viel mit Ihrer eigenen sozialen Kompetenz beschäftigt.

Das ist die Optimal-Variante als Lebensstrategie.

Lebensstrategie Win-Lose

Ich bin o.k., du bist nicht o.k.

Ich bin Winner, du hingegen bist Loser.

Sehen Sie sich selbst zwar als Gewinner, Ihr Gegenüber aber als Verlierer, führt das auf Dauer nicht zum erhofften glücksbringenden Zusammensein.

Ewig geben Sie Ihrem Gegenüber Hilfestellung, Anweisungen, Ratschläge.

Ohne Sie könnte Ihr Gegenüber gar nicht existieren – zumindest sehen Sie das so.

Als dauerhafte Lebensstrategie ist diese Variante genauso wenig zu bevorzugen wie die folgende.

Lebensstrategie Lose-Win

Ich bin nicht o.k., du bist o.k.

Ich bin Loser, betrachte dich als Winner.

Denn jetzt sind Sie derjenige, der immer Hilfe und Unterstützung beim Gegenüber sucht. Und zwar ständig.

„Ohne dich könnte ich nicht leben." Eine klassische Aussage in dieser Situation.

Damit es hier zu keiner Fehlüberlegung kommt: Natürlich können Sie mal so denken oder empfinden.

Aber dauerhaft – also als Lebensstrategie sieht Berne darin eher Nachteile.

Nun bleibt noch die vierte Variante.

Lebensstrategie Lose-Lose

Ich bin nicht o.k., du bist nicht o.k.

Ich betrachte uns beide als Loser.

Beide Personen sehen sich selbst als Verlierer in der Gesellschaft.

Beide können wunderbar miteinander jammern und Erklärungen finden, weshalb es ihnen so schlecht geht.

Beide finden auch genügend Beispiele, die beweisen, dass es so schlecht gehen muss.

Gegenseitig können sich beide kaum aus der gedanklichen Konstellation ziehen.

Sie benötigen Hilfe von außen, sonst gehen sie in der Gesellschaft unter.

Liebe Leserin, lieber Leser, bitte beachten Sie bei diesem Modell immer, dass es sich um eine sogenannte Lebensstrategie handelt.

‚Mal' darf auch ein Tiefpunkt erreicht und gefühlt sein.

Es sich darin allerdings bequem machen, ist das Risiko in diesem Modell. Also raus aus dieser Betrachtungs- und Verhaltensweise.

Drei hilfreiche Fragen

Wie kann ein Mensch diese negative Grundeinstellung loswerden? Wie gelingt es ihm, in die positive Richtung zu denken?

Mit drei hilfreichen Fragen können Sie sich dieser Denk- und Verhaltensweise nähern.

1. Wie fühle ich mich? (Ist-Zustand)
2. Wie will ich mich fühlen (Soll-Zustand)
3. Was tue ich, um mich so zu fühlen, wie ich mich fühlen will? (Ziel-Setzung)

Wird die dritte Frage vernünftig beantwortet, zeigt sich der Weg aus der ‚Misere'.

Authentizität

Was heißt das?

Bemühen wir wieder einmal die alten Griechen und die alten Römer. Das Griechische kennt das Wort ‚authentikós für ‚echt'. Das Lateinische hatte den Begriff ‚authenticus', der für ‚verbürgt', für ‚zuverlässig' steht.

Ist jemand authentisch, dann ist er ‚echt'. Er tritt also so auf, ‚wie er ist'. Er hat es nicht nötig, sich zu verstellen.

Zu Beginn des Lebens verhält sich der Mensch unverfälscht. Er ist so, wie er ist – also authentisch.

Es gibt für ihn noch keinen Grund, sich anders zu zeigen, als er empfindet.

Erst durch den Aufbau des Selbstbewusstseins und durch die Fähigkeit, eigenes Verhalten zu reflektieren, ändert sich das.

Rolle

Im Leben gibt es genügend Situationen, in denen ein Mensch in eine Rolle schlüpft.

So können Sie beispielsweise die Rolle des Vorgesetzten oder des Mitarbeiters, des Redners oder des Zuhörers, des Kunden oder des Verkäufers einnehmen.

Je nachdem, welche Rolle Sie gerade ausfüllen, werden Sie sich rollenkonform verhalten.

Das erwartet Ihr soziales Umfeld, weswegen sich diese Konformität fast automatisch ergibt.

Authentizität versus Rolle

Je mehr Rollen Sie in Ihrem privaten wie in Ihrem beruflichen Leben einnehmen, desto mehr sind Sie nicht mehr ‚Sie selbst'.

Die Authentizität verblasst zugunsten des Rollenverhaltens.

Je mehr Rolle Sie spielen – desto weniger sichtbar wird das individuelle Verhalten.

Je authentischer Sie auftreten, desto weniger füllen Sie eine Rolle aus.

Sie verhalten sich ehrlich, was allerdings nicht jedem unbedingt gefällt.

Je ehrlicher Sie auftreten, desto weniger müssen Sie sich ‚verbiegen'.

Würden Sie nicht selbst auch einen Gesprächspartner bevorzugen, der (relativ) offen und ehrlich zu Ihnen ist?

Sie könnten das Verhalten Ihres Gegenübers dann leichter einordnen.

Authentizität und Selbstbewusstsein

Menschen, die authentisch auftreten, haben oft ein gutes, das heißt gesundes Selbstbewusstsein. Allein schon deswegen, weil sie weniger Bedarf haben, sich schützen zu müssen.

Wenn Sie es schaffen, möglichst offen – im Sinn von authentisch – aufzutreten, steigt das gegenseitige Vertrauen.

Das ist eine weitere Voraussetzung für den ehrlichen Erfolg eines Gesprächs.

Aktives Zuhören

Da Kommunikation auf sachlicher und emotionaler Ebene verläuft, ist Aktives Zuhören von beiden Gesprächspartnern unerlässlich.

Aktives Zuhören bedeutet: Der Empfänger fühlt sich in die Welt des Senders ein und sieht mit dessen Augen.

Wenn sich Sender und Empfänger darüber einigen, in welcher Art sie miteinander kommunizieren (zum Beispiel sind in Seminaren Wortmeldungen erwünscht, nicht aber Zwischenrufe), wird von Metakommunikation gesprochen.

Metakommunikation bedeutet hier: Kommunikation über Kommunikation, also Sender und Empfänger reden über ihre Art der Kommunikation.

Hören, zuhören, aktiv zuhören

Wenden wir uns dem Bereich des Hörens zu. Es werden drei Arten des Zuhörens unterschieden:

1. Hören:

Sie hören draußen auf der Straße ein Auto vorbeifahren. Diese Information speichern Sie nicht in Ihrem Gehirn, da sie Ihnen nicht wichtig erscheint.

Deshalb werden Sie sich später nicht an das vorbeigefahrene Auto erinnern können.

2. Zuhören:

Sie hören zu, was Ihnen Ihr Gegenüber erzählt.

Aber tatsächlich warten Sie nur darauf, antworten beziehungsweise entgegnen zu können und legen sich bereits Ihre verbale Erwiderung in Gedanken zurecht.

Damit schenken Sie Ihrem Gegenüber nur bedingt Aufmerksamkeit.

Im Ergebnis kann es zu Missverständnissen kommen, weil beide sich nicht <u>richtig</u> verstanden haben.

3. Aktiv zuhören:

Sie hören aktiv zu. Bei jeder Aussage Ihres Gesprächspartners versuchen Sie zu ergründen, <u>weshalb</u> Ihr Gesprächspartner das sagt, was er sagt.

Was steckt hinter den Äußerungen? Sie versuchen, ihn zu <u>verstehen</u>.

Es gilt für Sie, aktiv und mitfühlend zuzuhören – ohne versteckte Signale des Missbehagens auszusenden.

Stellen Sie sich folgende Fragen:

- Kann ich das, was ich aktiv höre, erst neutral auf mich wirken lassen, ohne gleich zu werten beziehungsweise zu beurteilen?

- Entscheide ich mich bereits zustimmend oder ablehnend, während sich mein Gegenüber äußert, indem ich sichtbar nicke oder den Kopf schüttele?

- Bringe ich die Bereitschaft mit, auch die Meinungen meines Gesprächspartners zu akzeptieren, ohne sie gleich als falsch abzustempeln. Akzeptiere ich andere Meinungen?

Aktives Zuhören in der Kommunikation – WIBR

Prof. Dr. Lyman K. (Manny) Steil (*1938) fasst Aktives Zuhören im Kürzel WIBR zusammen.

Die 4 Buchstaben WIBR stehen in seinem Modell für:

Wahrnehmen	Hören, Deuten können von Mimik und Körpersprache
Interpretieren	Vergleich mit Selbst-Erlebtem und vorhandenem Wissen
Bewerten	Annehmen und Ablehnung aufgrund eigener Wertevorstellungen
Reagieren	Verbale und nonverbale Rückmeldung auf das Gesagte

Die Basis für ein gutes Gespräch

Der US-amerikanische Psychologe Carl Ransom Rogers (1902 – 1987), der sich bei der personenzentrierten Gesprächstherapie einen Namen machte, fand folgende drei Voraussetzungen für Aktives Zuhören wichtig:

- Der Zuhörer braucht eine empathische und offene Grundhaltung dem Gesprächspartner gegenüber.

- Er selbst tritt authentisch auf. Verbale und nonverbale Kommunikation stimmen überein (kongruentes Auftreten).

- Er akzeptiert das Gegenüber und schenkt dem Gesagten positive Beachtung.

Im Sinn einer positiven Gesprächsführung können diese drei Voraussetzungen übernommen werden.

Empathie

Das Wort Empathie ist uns schon einige Male über den Weg gelaufen.

Die Griechen kannten das Wort bereits als ‚empátheia', was für ‚leidend', ‚fühlend' steht.

Empathie ist die psychische Fähigkeit, sich in die Lage des anderen hineinzuversetzen.

Wer empathisch ist schafft es, nimmt die Gedanken und die Empfindungen des Gesprächspartners wahr.

Er kann weitestgehend nachempfinden, wie sich das Gegenüber fühlt.

Wer die Gemütsstimmung des Gesprächspartners deuten kann, kann mit ihm viel sensibler umgehen.

Sensibler heißt in diesem Zusammenhang, dass er noch deutlicher auf die eigene Gesprächsführung und Wortwahl achtet.

Das Gespräch soll schließlich positiv verlaufen. Menschen ohne Empathie verhalten sich manchmal ungewollt wie der Elefant im Porzellanladen.

Er tritt ständig dem anderen auf die Füße und verletzt ihn ungewollt.

Wird empathisch und sensibel im Gespräch miteinander kommuniziert, können Ziele zügig gefunden werden, die in beiderseitigem Interesse liegen.

Gegenseitiger Respekt im Dialog

Um Dialoge zu einem erfolgreichen Ergebnis zu bringen, bedarf es einerseits der fachlichen Kompetenz, andererseits auch des gegenseitigen Respekts.

Die Wertschätzung des Gesprächspartners ist hoch anzusehen.

Vielleicht mögen Sie nicht dessen fachliche Aussagen oder Ideen, die aber nicht zwangsläufig etwas mit ihm selbst – nämlich mit ihm als Mensch – zu tun haben.

Seien Sie Profi genug, um das Fachliche vom Menschlichen zu trennen.

Es ist vollkommen egal, welche berufliche Position oder welchen gesellschaftlichen Status ein Mensch einnimmt.

Wertschätzung

Im Sinne der Wertschätzung sind alle Menschen gleich. Jeder hat das Recht, wertgeschätzt zu werden. Deshalb soll mit allen fair umgegangen werden.

Es spielt keine Rolle, ob Sie ein Gespräch mit dem Auszubildenden, dem Geschäftsführer, dem Kritiker oder dem Bewunderer führen.

Behandeln Sie alle in vergleichbarer Art und Weise professionell.

Lösen Sie sich von Antipathien und Vorurteilen.

Nehmen Sie sich vor, das Fachliche/Sachliche vom Emotionalen/Menschlichen zu trennen.

Ihr Verhalten im Gespräch

Es wird unterstellt, dass Sie im Dialog mit Ihrem Gesprächspartner zu einem (gemeinsamen) Ziel kommen wollen.

Um mit einem vernünftigen Ergebnis das Gespräch zu beenden, wird der Gesprächspartner als gleichwertiger Mensch betrachtet. Für jede Dialogform gilt:

Ich zeige Respekt

Es reicht nicht, den Gesprächspartner nur zu akzeptieren – ich versuche, mich in die Gedankenwelt und die Perspektive meines Gesprächspartners zu versetzen.

Ich bin offen

Ich bin offen für neue, andere oder auch meinen Vorstellungen widersprüchliche Ideen.

Ich öffne mich neuen Überlegungen, Ideen und Meinungen.

Ich bin ehrlich

Ich erwarte, dass mich mein Gesprächspartner nicht anlügt. Dasselbe darf er von mir erwarten.

Deshalb bin ich ehrlich in meinen Aussagen.

Ich äußere – in korrekter Form – das, was mich wirklich bewegt oder bedrückt.

Ich bin natürlich

Ich verzichte darauf, mich eitel oder arrogant zu zeigen beziehungsweise darzustellen.

Ich habe es nicht nötig, mit Fremdwörtern zu protzen, intellektuelle Spielchen in den Dialog zu bringen oder mich auf höhere Autoritäten zu beziehen.

Ich muss weder versteckt noch offen drohen.

Ich baue keine Feindseligkeiten auf.

Ich bin interessiert

Ich höre aufmerksam und aktiv zu und stelle weiterführende aufrichtige Fragen.

Ich vermeide Fragen, die verschleierte Behauptungen oder Schuldzuweisungen bedeuten.

Auch verteile ich keine versteckten Spitzen und haue nicht in offene Wunden.

Ich bin aufgeschlossen und neugierig auf das, was mein Gegenüber in den Dialog einbringt.

Ich stelle mithilfe der 5 Sinne dar

Mein Ziel ist es, dass mein Gegenüber möglichst genau das versteht, was ich darstellen will.

Deshalb erkläre ich meine Gedankengänge, anstatt sie nur als Ergebnis zu präsentieren.

Ich stelle meine eigenen Überlegungen dar, schildere meine Annahmen und zeige die entstehenden Vorteile dieser Überlegungen auf.

Ich gebe die Quellen und Beobachtungen meiner Argumentationen an.

Ich bringe alle 5 Sinne mit ins Gespräch.

Damit kann mich mein Gegenüber plastischer und bildhafter verstehen.

Ich lasse meinen Gesprächspartner ausreden

Ich falle meinem Gegenüber nicht ins Wort.

Ich höre aufmerksam und interessiert zu und lasse ihn ausreden.

Ich berücksichtige, dass jeder Gesprächsteilnehmer das Recht hat, seine Meinung zu äußern und dafür die gleiche Redezeit benötigt wie ich selbst.

Ich gestehe meinem Gegenüber das Recht zu, nachzufragen.

Ich bringe stockende Gespräche in Gang

Ich stelle eine (provokante) These in den Raum.

Ich frage nach Erfahrungen des Gesprächspartners.

Ich bringe Beispiele.

Ich lasse meinen Gesprächspartner schätzen. „Was glauben Sie, wie viele …"

Ich frage nach der Meinung meines Gesprächspartners.

Ich überlege meine Äußerungen

Wenn ich etwas sagen will, achte ich darauf, woher der Impuls kommt, das zu sagen, was ich zu sagen beabsichtige.

Ich überlege, welche Motivation meinem Impuls zugrunde liegt.

Ich kläre meine Motive

Ich entscheide, ob ich tatsächlich eine beziehungsweise meine Meinung dazu äußern will.

Ich berücksichtige, dass meine Meinung der Meinung meines Gesprächspartners widersprechen kann. Ich nehme mir vor, weiterhin offen für andere Ansichten zu bleiben.

Ich überlege mir, ob ich meinem Gesprächspartner verdeutlichen kann, wie sich meine Meinung gebildet hat.

Ich beobachte mich selbst

Während des kompletten Dialogs beobachte ich mich immer wieder ‚von außen'.

Wie sieht mich mein Gegenüber?

Versteht er alles so, wie ich es meine?

Strahle ich negative Körpersignale – Körpersprache aus?

Verläuft die Kommunikation – verbal wie nonverbal – ungestört?

Wenn Sie sich in jeglicher Dialogform an diese Regeln halten, dürften Dialoge weitestgehend aggressionsfrei verlaufen und sich zielorientiert entwickeln.

Sie können stressfrei und erfolgreich miteinander kommunizieren.

Körperliche Sensation

Über seine fünf Sinne nimmt der Mensch ständig eine Unmenge an Informationen auf. Schauen Sie sich um und machen Sie sich bewusst, wie viele Informationen allein über die Augen in Sie eindringen.

Nicht nur Wörter, Buchstaben oder Zahlen sind entscheidend für die Kommunikation, sondern sogenannte ‚Körperliche Sensationen‘.

Menschen nehmen wahr:

Bilder:	Ich ‚sehe‘ etwas.	Zum Beispiel einen Menschen, der mir gegenübersitzt.
Geschmack:	Ich ‚schmecke‘ etwas.	Zum Beispiel den Kaffee, den ich während des Gesprächs trinke.
Gefühle:	Ich ‚fühle‘ etwas.	Zum Beispiel den Stift für meine Gesprächs-notizen, oder ich empfinde Sympathie für mein Gegenüber.
Töne:	Ich ‚höre‘ etwas.	Zum Beispiel die Lautstärke der gesprochenen Wörter.
Gerüche:	Ich ‚rieche‘ etwas.	Zum Beispiel das Parfum, das mein Gegenüber benutzt.

Schon können Sie erahnen, dass das Gehirn offensichtlich nicht reine Buchstaben oder Daten speichert, sondern komplexe Bilder (regelrechte Filme).

Bilder, in denen sich etwas bewegt, in denen Geräusche hörbar sind, Farben, die einwirken.

Diese komplexen Bilder werden als ‚Sensation' bezeichnet. Das Ultra-Kurzzeit-Gedächtnis nimmt die Sensation wahr.

Kodierung

Im weiteren Verlauf wird den Sensationen eine Bedeutung zugeordnet. Dieser Vorgang heißt ‚Kodierung'.

Die Bedeutung wiederum kann nur zugeordnet werden, wenn auf frühere Erfahrungen und Wissenswertes zurückgegriffen werden kann.

Ein ‚Ding', das zwischen vier und fünf Meter lang, etwa 1,8 Meter breit und 1,4 Meter hoch ist, zum großen Teil aus farbigem Metall besteht und sich auf vier Rädern im Straßenverkehr befindet, bezeichnen wir als Auto.

Jedes Jahr entwickeln Ingenieure der Autofirmen neue Modelle. Sehen Sie solch ein neues Modell zum ersten Mal auf der Straße, ist es für Ihr Gehirn ein Leichtes, diese neue Konstruktion sofort als Auto zu definieren – eben aufgrund Ihres gespeicherten Wissens.

Vergleichbares geschieht mit der Sprache. Die meisten Menschen rümpfen bei dem Wort ‚Körpergeruch' die Nase und deuten dieses Wort beziehungsweise die ‚Bilder', die damit verknüpft sind, zuerst einmal negativ oder unangenehm; sie verbinden dieses Wort mit der Vorstellung von Schweiß, Mundgeruch usw.

Andererseits ist der Körpergeruch von Natur gegeben. Babys können ihre Mutter ganz offensichtlich am Geruch erkennen.

Jeder Mensch hat also einen eigenen Körpergeruch. (Vergleiche: Patrick Süskinds Buch: ‚Das Parfum'. Dort beschreibt ein Mensch ohne eigenen Körpergeruch sein Leben.).

Wie werten Sie das Wort ‚Duft'? Sicherlich positiv, oder?

Es ist nur ein <u>Wort</u>, das gerade mal aus vier Buchstaben besteht. Und dennoch geben wir ihm einen Wert.

Vielleicht fallen Ihnen sogar während des Lesens dieser Zeilen einige Begriffe ein, die in Ihnen die Vorstellung eines angenehmen Duftes wecken (Blüte, Kaffee, Essen, Parfüm usw.)?

Sprachliche Technik

Zusammengefasst und abschließend richten wir das Augenmerk auf die sprachliche Technik. Das ist die Dialektik (griechisch: ‚diálogos' gleich Unterredung). Folgende Übersicht zeigt, welche Unterpunkte zur sprachlichen Technik gehören.

Ich höre aktiv zu.
Ich muss nicht sofort Kontra geben.
Ich unterscheide zwischen sachlichen (Fakten) und persönlichen (die Person betreffend) Aussagen. Angeblich werden nur 10 % Sympathie über die rationale Ebene, aber immerhin 90 % über die emotionale Ebene vermittelt.
Ich gebe Beispiele (ich mache ‚bildhaft').
Ich lenke durch Fragen statt durch Sagen. (‚Wer fragt, führt'.)
Ich betone Gemeinsamkeiten. (Im Besonderen bei Meinungsverschiedenheiten.)
Ich kläre Begriffe (definiere).
Ich zitiere.
Ich bringe bei Bedarf statistische Zahlen.
Ich benutze keine Fremdwörter, und wenn, dann werden sie von mir übersetzt.

Orientieren Sie sich an dieser Technik, um gut verstanden zu werden.

Authentisch und empathisch?

Liebe Leserin, lieber Leser, im ersten Teil des Handbuchs konnten Sie lesen, welche Grundeinstellung den Weg durch ein Gespräch führt, um möglichst reibungslos zum Gesprächsziel zu gelangen.

Es wurde über die sogenannte Lebensstrategie geschrieben, die zeigt, dass die Win-Win-Strategie die anzustrebende ist.

Diese wird nicht nur in beruflichen Gesprächen gebraucht. Sie hilft auch im privaten Leben weiter.

Nicht umsonst wird von einer <u>Lebensstrategie</u> gesprochen.

Weiterhin wurde eindringlich darauf hingewiesen, dass gegenseitiger Respekt ein herausragendes Verhalten ist, um auch in schwierigen Gesprächen ein vernünftiges Ergebnis zu erzielen.

Bleiben Sie authentisch und zeigen Sie sich empathisch.

Fürchten Sie sich nicht vor wichtigen oder unangenehmen Gesprächen.

Solange Sie ‚sauber' vorgehen, ist Ihnen kein Vorwurf zu machen, wenn es mal ausnahmsweise nicht ganz so gut im Gespräch laufen sollte.

Glücklicherweise handeln Menschen verschieden, was eine breite Bandbreite und immer wieder eine neue Konstellation in der Gesprächsführung ergibt.

Teil 2 – Dialogformen – Vom Monolog zum Dialog

Das Bedürfnis des verbalen Austauschs

Reden, reden, reden

Liebe Leserin, lieber Leser, im zweiten Teil des Handbuchs werden wir Unterschiede ziehen zwischen Monolog, Dialog, Ansprache und Aussprache.

Verwechseln Sie dabei den Begriff Monolog nicht mit dem Wort Selbstgespräch. Bei einem Monolog sitzen sich zwei (oder mehrere) Personen gegenüber. Nur eine Person wird nun reden und reden, wobei diese keinen echten Dialog aufkommen lässt.

Das ist ein Monolog (gr. ‚mónos‘ für ‚allein‘).

Wird von einem Selbstgespräch gesprochen, ist der Sprechende in der Regel allein. Er redet sozusagen mit sich selbst oder mit einer fiktiven, nicht anwesenden Person.

Wichtiger ist für uns der Dialog (auch Zwiegespräch). Das Wort Dialog kommt vom griechischen Wort ‚diálogos‘, was für ‚Unterredung‘, ‚Gespräch‘ steht.

Tatsächlich muss ein Dialog im ursprünglichen Sinn nicht nur zwischen zwei Personen geführt werden. Mehrere Personen können beteiligt sein.

Nach der Unterscheidung zwischen Dialogformen wenden wir uns dem Thema ‚Gespräche‘ zu.

Es wird gezeigt, wie diese vorzubereiten und umzusetzen sind. So spielen beispielsweise der Ort und die angesetzte (Uhr-)Zeit eine Rolle. Auch wie die Platzierung im Raum erfolgt, um vom ‚frontalen‘ Dialog zum harmonischen Austausch zu kommen.

Je höher Sie in der Hierarchie aufsteigen, desto wichtiger werden die Gespräche werden. Je nach Quelle wird behauptet, dass etwa 70 % der Arbeitszeit allein schon für den kommunikativen Austausch anzurechnen sind.

Je mehr geredet wird, desto eher können Missverständnisse vermieden werden. Ansonsten entstehen Verstimmungen, die unkontrolliert zu bösartigen Konflikten werden können.

Also lieber ungute Gefühle vermeiden und miteinander reden.

Dialogformen – Vom Monolog zum Dialog

Der menschliche Monolog: „Ich kam, ich sah, ich siegte" ...

... soll Gaius Julius Cäsar (100 v. Chr – 44. v. Chr.) gesagt haben, nachdem er in einem Blitzkrieg über Pharnakes II. († 47 v. Chr.) bei Zela im Jahre 47 vor Chr. gewonnen hatte.

Gesundes Selbstbewusstsein oder ellenbogendrückender Egoismus?

Heutzutage freuen wir uns im Allgemeinen sehr, wenn ein Mensch selbstbewusst auftritt.

Wir mögen Menschen, die wissen, was sie wollen, die sich realistische Ziele gesteckt haben und diese auch anstreben umzusetzen.

Andererseits begegnen wir fast täglich auf den Straßen – und dort nicht nur im Straßenverkehr, sondern auch in Fußgängerpassagen – immer deutlicher zu Tage tretendem Egoismus.

Es könnte der Eindruck entstehen, dass nur

- der Erste,
- der Beste,
- der Schnellste usw.

in unserer Gesellschaft siegen kann.

Das mag vielleicht sogar zutreffen. Einverstanden, wir mögen uns gerne mit Siegertypen umgeben, sonst hätten ja wohl Prominente und Stars nicht so viel Zulauf.

Andererseits mögen wir Menschen, die auf menschliche Bedürfnisse Rücksicht nehmen und die nicht ‚rücksichts-los‘ ihre gesteckten Ziele verfolgen.

Somit kommen wir in eine gewisse Zwickmühle: Einerseits selbstbewusst aufzutreten, andererseits nicht zu egoistisch zu wirken.

Gesunder Egoismus

Der Autor bevorzugt die Formulierung: Gesunder Egoismus.

Mit dieser Bezeichnung ist die Kombination von gesundem Selbstbewusstsein und Authentizität, zielbewusstem aber nicht arrogantem Vorgehen gemeint.

Nachvollziehbarerweise streben die meisten an, zu den Siegertypen zu gehören – aber es muss nicht unbedingt der erste Platz sein. Auch ein zweiter, dritter oder hundertster Platz kann ein guter Platz sein.

Egoisten ist der Monolog geläufig. Menschen mit gesundem Egoismus bevorzugen den Dialog.

Der zwischenmenschliche Dialog

Laut ‚Großes Lexikon in Farbe, 1993' ist ein Dialog ein Gespräch zwischen zwei beziehungsweise mehreren Personen. So einfach ist das?

Steckt in einem Dialog nicht viel, viel mehr? Miteinander reden kann doch nicht so schwierig sein, oder doch?

Nun, wenn wir überlegen, zu wie vielen Missverständnissen es kommen kann, wird schnell klar, dass es offensichtlich doch gar nicht so einfach ist, einen vernünftigen Dialog zu führen.

Für die weiteren Ausführungen ist es also beachtenswert, dass ein Dialog nicht nur mit einer, sondern auch mit mehreren Personen (zeitgleich) geführt werden kann.

Genau betrachtet handelt es sich aber immer um ein Zweiergespräch zwischen zwei Gesprächspartnern, auch wenn mehrere anwesend sind.

Dann werden eben mehrere Dialoge parallel geführt.

Im Folgenden betrachten wir verschiedene Dialogformen im zwischenmenschlichen Bereich.

Bevor Sie anfangen zu sprechen, sollten Sie sich darüber im Klaren sein, dass Ihr Dialogpartner auch sprechen wird. Also gehört zum Sprechen auch das Zuhören beziehungsweise das Zuhören können.

Im Folgenden werden wir nun verschiedene Dialogformen analysieren.

Dialogform Monolog

Eine Person
spricht <u>zu</u> ei-
ner zweiten.

Eine Hierarchie ist deutlich erkennbar.

Die sprechende Person zeigt Dominanz.

Feedback ist oft nicht möglich und meist nicht erwünscht.

Typisch zum Beispiel bei Nachrichten im TV, Strafpredigt.

Dialogform Dialog

Eine Person spricht
<u>mit</u> einer zweiten.

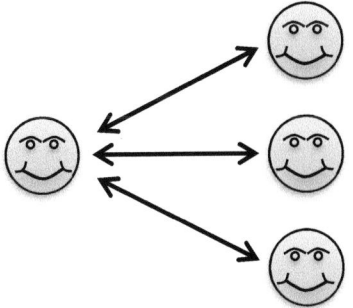

Die Hierarchie ist nicht mehr zwangsläufig und deutlich erkennbar.

Beide Gesprächspartner zeigen Gleichberechtigung: Sie sitzen gleichberechtigt gegenüber.

Ständiges Feedback ist möglich, wird sogar erwartet.

Typisch zum Beispiel bei echten Verkaufsgesprächen (ein Gesprächspartner versucht den anderen nicht übers Ohr zu hauen).

Der Dialog kann auch mit mehreren Gesprächspartnern parallel geführt werden.

Dialogform Ansprache

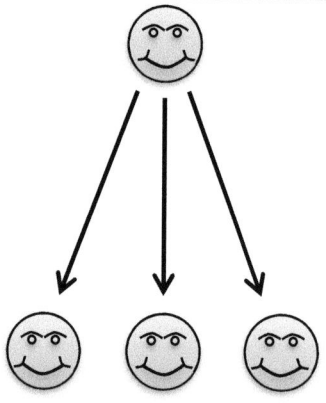

Eine Person spricht zu mehreren.

Die Hierarchie ist deutlich erkennbar.

Die sprechende Person zeigt deutlich Dominanz (zum Beispiel durch die Benutzung eines Mikrophons).

Feedback ist nicht möglich und ist nicht erwünscht.

Typisch zum Beispiel bei Nachrichten im TV, Diktatur, Predigt, Vortrag.

Dialogform Aussprache

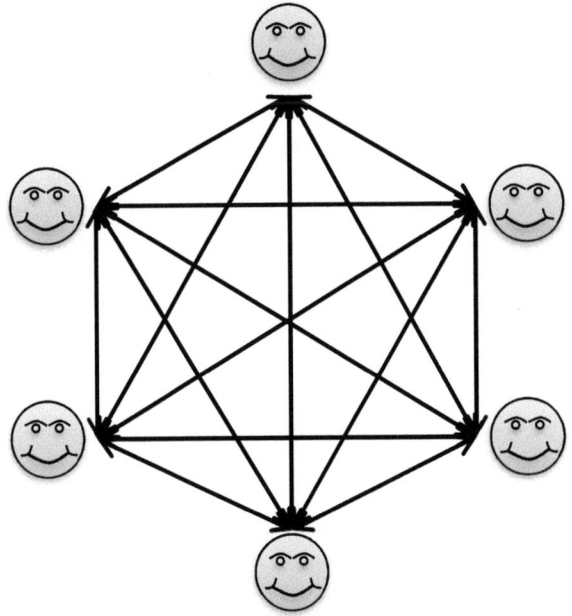

Mehrere Personen sprechen <u>mit</u> allen anderen.

Hierarchie spielt keine Rolle mehr.

Alle Gesprächspartner zeigen Gleichberechtigung.

Ständiges Feedback wird ausgetauscht.

Offenheit wird erwartet und ist Bedingung.

Typisch zum Beispiel bei Teamarbeiten.

Gesprächsbedarf – Arten von Gesprächen

In diesem Kapitel fokussieren wir uns auf Gespräche, die zwischen Vorgesetzten und Mitarbeitern zu finden sind.

In den meisten Fällen lassen sich die gegebenen Informationen auf Verkaufsgespräche, wie auch auf Bewerbungsgespräche und Kundengespräche aller Art übertragen.

Im Unternehmen gibt es regelmäßig und situationsbedingt stattfindende Gespräche.

Hierzu gehören:

Regelmäßig stattfindende Gespräche

- Zielvereinbarungsgespräch
- Entwicklungs- oder Fördergespräch
- Mitarbeiterjahresgespräch
- Beurteilungsgespräch

Situationsbedingt stattfindende Gespräche

- Unterweisungsgespräch
- Anerkennungsgespräch
- Karrieregespräch
- Rückkehrgespräch
- Delegationsgespräch
- Kritikgespräch
- Konfliktgespräch
- Vermittlungsgespräch
- Feedbackgespräch
- Austrittgespräch oder Exit-Gespräch

Wie Sie sehen, gibt es genügend Anlässe ein berufliches Gespräch zu führen.

Kurzfristige Gesprächsplanung und – Umsetzung

Zusätzlich zu den oben aufgeführten Beispielen ergeben sich eine Menge Gespräche aufgrund plötzlich auftretender Gegebenheiten.

So wird ein Gesprächstermin kurzfristig angesetzt oder das Gespräch findet sogar unmittelbar statt.

Deshalb kann hier keine intensive Vorbereitung stattgefunden haben.

Trotzdem ist es sinnvoll und wichtig, auch bei diesen Gesprächen einen ‚geordneten' Ablauf zu ermöglichen.

Gerade weil aufgrund der fehlenden Vorbereitungszeit keine Strategie aufgebaut werden konnte, ist es für die Gesprächspartner wichtig, sich an einem gewissen ‚Gerüst', also an einer Gesprächsstruktur, orientieren zu können.

Unerwarteter Gesprächsbedarf signalisiert, dass möglicherweise etwas ‚im Argen' liegt. Wimmeln Sie – wenn es irgend geht – den anderen nicht ab.

Sehr wahrscheinlich liegt dem Gesprächsgrund ein dringendes oder ein als dringend empfundenes ‚Problem' zugrunde.

Sollten Sie das Gespräch nicht direkt führen können, richten Sie so zeitnah wie möglich einen Gesprächstermin ein.

Nicht umsonst wird Ihr Gegenüber Sie um einen Austausch gebeten haben.

Planen Sie für solch ein Gespräch zwischen 30 und 60 Minuten ein.

Strukturierte Gesprächsführung

Bevor ein Gespräch stattfindet, bedarf es – wenn zeitlich möglich – einer sauberen Planung und Vorbereitung.

Gesprächsgrund

Weshalb wollen Sie zum Gespräch einladen? Was ist der Grund für das Gespräch?

Wer soll eingeladen werden?

Gibt es außer dem Gesprächspartner eine weitere Person, die beispielsweise Protokoll führen soll?

Oder eine Person, die Ihnen eine gewisse Sicherheit gibt, da vier Ohren bekanntlich mehr als zwei hören?

Wie soll das Gespräch verlaufen?

Wollen Sie streng vorgehen (Konfliktsituation), sehr sachlich oder handelt es sich um einen erfreulichen Anlass?

Inwieweit sind Sie selbst betroffen?

Welche Rolle spielen Sie in diesem Gespräch?

Welche eigenen Interessen wollen Sie vertreten oder verteidigen?

Vorgehen

Welches Ziel hat Ihr Gespräch? Welches Minimal- und welches Maximalziel wollen Sie erreichen?

Wie wollen Sie vorgehen, um das Ziel zu erreichen?

Welche Fragen sollen gestellt werden?

Wie reagieren Sie auf Fragen des Eingeladenen?

Was dürfen Sie offenbaren?

Welche Informationen wollen Sie erhalten?

Welche Vorschläge werden Sie unterbreiten?

Ort

Wo soll das Gespräch stattfinden? Im eigenen Büro (das schwächt die Position des Eingeladenen)? Im Büro des Eingeladenen (das stärkt die Position des Eingeladenen)? Oder an einem neutralen Ort, wie ein Besprechungsraum (Ausgangsposition ist für beide gleich). Das Gespräch könnte auch außerhalb des Unternehmens stattfinden.

Wer sitzt wo im Raum?

Die Gesprächspartner sitzen sich frontal gegenüber. Dadurch können Sie sich gut sehen und die Mimik des anderen gut erkennen. Diese Platzierung zeigt ein fachliches Gesprächsthema an. Emotionen spielen weniger eine Rolle.

Die Gesprächspartner sitzen über Eck. Die Platzierung ist nun nicht mehr so frontal. Hier wird harmonischer vorgegangen.

Die menschlichen Emotionen sollen im Gespräch berücksichtigt werden.

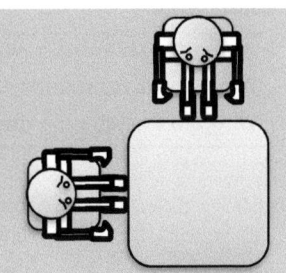

Die Gesprächspartner drehen ihre Stühle etwas zueinander. Sie öffnen sich sozusagen dem anderen, da zwischen ihnen nicht mehr die große, blockierende Tischfläche steht.

Die Sitzanordnung zeigt einen emotionalen Charakter des Gesprächs.

Welche Ausstattung wird benötigt? Welche Hilfsmittel sollen eingesetzt werden? Werden Getränke angeboten?

Zeit

Wann soll das Gespräch stattfinden?

Sind die ‚Bio-Hochs' für das Gespräch ausschlaggebend?

Ist bei dem Gesprächstermin berücksichtigt, dass er nicht in eine Zeit fällt, in der der Eingeladene (regelmäßige) Verpflichtungen ausübt?

Welcher Wochentag eignet sich?

Der Freitag kurz vor Feierabend ist in der Regel kein guter Zeitpunkt. Der Eingeladene weilt gedanklich schon im Wochenende.

Unterlagen

Welche Unterlagen oder Materialien werden benötigt?

Bringen Sie diese mit? Wird der Eingeladene gebeten, Unterlagen mitzubringen?

Einladung

Wer wird wann und in welcher Form eingeladen?

Welcher Anlass soll für das Gespräch angegeben werden?

Wird um Bestätigung des Termins gebeten?

Der Gesprächsaufbau

Bauen Sie Ihr Gespräch in einer nachvollziehbaren Struktur auf. Diese könnte so aussehen:

1. Begrüßung
2. Smalltalk
3. Kontaktaufbau
4. Gesprächsziel klären
5. Vorgehensweise klären
6. Austausch und Diskussion
7. Zielsetzung vereinbaren
8. Zusammenfassung
9. Bedanken
10. Verabschiedung

Ein Gesprächsaufbau dieser Art lässt sich bei fast allen Gesprächen so umsetzen. Das gilt auch für ein Gespräch, das nicht vorbereitet werden konnte.

Die Nachbereitung

Oft vergessen oder als nicht notwendig empfunden: die Nachbereitung des Gesprächs.

Um die Zielsetzung überprüfen zu können sowie getroffene Absprachen nachzuvollziehen, kann ein Protokoll angefertigt werden.

Entweder ist das Protokoll für Ihre eigene Erinnerung, zur Dokumentation (eventuell auch für die Personalakte) oder es wird (auch) dem Eingeladenen zur Verfügung gestellt.

Checken Sie selbst, dass Sie die getroffenen Vereinbarungen umsetzen.

Überprüfen Sie, ob vereinbarte Daten eingehalten werden. Diese gelten für Sie wie für den Eingeladenen.

Fragen Sie nach, wenn Termine nicht eingehalten werden. Bieten Sie Hilfe und Unterstützung an.

Bieten Sie gegebenenfalls ein weiteres Gespräch an.

Wie reden Sie mit dem Gesprächspartner?

Immer unterstellt, dass Sie sich in jeglicher Kommunikation positiv mit Ihrem Gesprächspartner auseinandersetzen wollen, können Sie durch gewählte Wörter beziehungsweise konstruierte Sätze, Rückschlüsse auf die Gedankenwelt Ihres Gegenübers schließen.

Allerdings lassen sich die eigenen Formulierungen genauso durchleuchten.

In der interaktiven Kommunikation soll Klärung herbeigeführt werden. Deshalb ‚klären‘ Sie im Folgenden:

Klären der Bedeutung einzelner Wörter.

Substantive

Sprechen Sie häufig in Substantiven, dann haben Sie aus einem Prozess einen Zustand gemacht:

Ein Beispiel: „Die Klärung liegt vor."

Klärung: Fragen Sie sich selbst: „Was genau habe ich geklärt beziehungsweise was kläre ich?"

Ein Prozess bezeichnet eine Bewegung, eine fortschreitende oder aufbauende Vorgehensweise.

Der Zustand hingegen zeigt vielmehr den stillstehenden Ist-Zustand.

In diesem Fall scheint es schwierig zu sein, zielorientiert zu arbeiten.

Finde ich mich mit einem Zustand ab, dann erkenne ich nicht unbedingt den Bedarf, etwas zu ändern beziehungsweise anzupassen.

Ganz typische Wörter sind solche, die auf ‚...ung‘ enden, wie: Bedeutung, Zusendung, Lieferung, Klärung.

Verben

Verwenden Sie Verben. Verben scheinen klar auszudrücken, was gemeint ist.

Zum Beispiel: schlafen, träumen, fliegen, schwimmen, stehen usw.

Bei genauerer Betrachtung lässt sich aber erkennen, dass ein Verb nicht eindeutig sein muss: verhandeln, reisen, speisen, essen.

Sicherlich gibt es eine Vorstellung davon, was unter ‚reisen' verstanden wird. Aber eben nur eine Vorstellung.

Deshalb kann die eigene Vorstellung sehr deutlich von der Vorstellung des Gesprächspartners abweichen.

Bedeutung von Verben

Klären Sie die Bedeutung von Verben.

„Ich kläre das."

Fragen Sie sich selbst: „Was genau will ich klären (bis wann, mit wem, wo, weshalb usw.?)"

Eigenschaftswörter

Klären Sie die Bedeutung von Eigenschaftswörtern.

Was bedeutet für Sie: schön, nett, groß, teuer, …?

Sind 5 Euro viel oder wenig?

Für ein Brötchen beim Bäcker sicherlich viel, doch für eine Luxus-Limousine ohne Zweifel recht wenig.

Ein in Ihren Augen schönes Kleidungsstück wirkt auf einen anderen möglicherweise ausgefallen hässlich.

„Das war ein spannender Abschluss."

Fragen Sie sich selbst, wie Sie (und Ihr Gegenüber) das Wort ‚spannend' definieren.

Steigerungsformen

Klären Sie bei Steigerungsformen den Komparativ (mehr, größer, breiter, besser usw.).

„Sie müssen mir einfach ein besseres Angebot unterbreiten."

Klären Sie: „Besser als was?"

Immer weiter, größer, höher, schneller scheint die Devise unserer Gesellschaft zu sein. Was aber verstehen Sie unter ‚weiter'. Nun, offensichtlich weiter als bisher. Was bedeutet das aber genau?

„Ich finde das Angebot einfach zu teuer." Fragen Sie sich, was Sie unter ‚teuer' und ‚zu teuer' verstehen. „Teurer als was?" Oder „Teurer im Vergleich wozu?"

Auslassungen

Klären Sie Auslassungen.

Sprechen Sie manchmal in Rätseln? „Er hat gesagt." Wer ist ‚er'? Wann hat ‚er' gesagt.

Nur durch die Kombinationsfähigkeit des Gehirns des Gesprächspartners schafft dieser es (meist), sinnvoll zu ergänzen.

‚Er' ist der Vorgesetzte Mertens. ‚Er' hat gestern im Meeting gesagt.

Wenn das Gehirn des Gegenübers allerdings anders (aus unserer Sicht ‚falsch') kombiniert, ist die Kommunikation gehemmt bis gestört.

Zum Beispiel: „Das habe ich mitgeteilt."

Fragen Sie sich: „Wem habe ich etwas mitgeteilt, wann, wie und weshalb?"

Verallgemeinerungen

Klären Sie Verallgemeinerungen, Generalisierungen.

Verallgemeinerungen stimmen meistens nicht!

„Ich bin immer so müde." Wirklich immer? Tag und Nacht? Jede Minute des Lebens? Kaum anzunehmen, oder?

„Jeder hat schon mal ..." Wirklich jeder? Jeder Ureinwohner einer Pazifikinsel, jeder Inuit in Grönland, jedes Baby und jeder Senior? Sehr fraglich, oder?.

„Telefoniere nie mit deinem Mobiltelefon in der Kirche."

Wirklich nie?

Was tun bei einem Unfall oder einer Katastrophe, wenn Sie einen Notarzt rufen wollen ...?

Ist das an den Haaren herbeigezogen?

„Ich habe noch nie einen guten Vorschlag von Ihnen gehört."

Fragen Sie: „Wirklich noch nie?"

Was macht einen guten Vorschlag aus? Weiß Ihr Gesprächspartner, was Sie unter einem guten Vorschlag verstehen? Weiß er, dass Sie einen solchen erwarten?

Betrachten Sie im weiteren Schritt die komplexe (komplex = umfassend, zusammengefasst) Gesprächssituation.

Um möglichst immer auf dem gleichen oder besser noch auf demselben gedanklichen Weg zu bleiben, klären die Gesprächspartner immer wieder den Ist-Stand des Dialogs.

Wiederholen

Klären Sie durch Wiederholen und Zusammenfassen.

Fragen/sagen Sie: „Ich habe bisher Folgendes verstanden" „Habe ich richtig verstanden, dass …" „Meinen Sie damit, dass …" „Interpretiere ich das richtig, dass …" „Ich fasse einmal zusammen. Sagen Sie mir bitte, ob ich Sie richtig verstanden habe."

Sollte der Gesprächspartner anders gedacht, anders kombiniert haben, besteht jetzt die Möglichkeit, Missverständnisse gleich in der Phase der Entstehung auszuräumen.

Techniken der Rückkopplung

Selbst wenn Sie denken, so genau wie möglich und verständlich gesprochen zu haben, heißt das noch lange nicht, dass Ihr Gesprächspartner Sie versteht. Um das gegenseitige Verstehen zu erhöhen, können Sie eine Technik der Rückkopplung benutzen.

Rückkopplung 1: Paraphrasieren

Nutzen Sie die Technik des Paraphrasierens.

Eine Aussage wird mit <u>anderen</u> Wörtern umschrieben.

Wiederholen Sie das Gehörte mit eigenen Wörtern, damit sich ein mögliches Missverstehen sofort auflösen kann.

Paraphrasieren bedeutet das Rückkoppeln der empfangenen Nachricht mit anderen Wörtern, um Missverständnisse zu vermeiden.

Die sachliche Aussage soll geklärt werden.

Beispiel:

Redner: Zeichnen Sie DER VERSTECKTE STAHL.

Zuhörer: Ich soll ein Metall zeichnen, das geheim aufbewahrt ist?

Redner: Nein, einen verborgenen Menschen, der etwas gestohlen hat.

Hätte der Zuhörer mit denselben Wörtern rückgefragt – Ich soll DER VERSTECKTE STAHL zeichnen? – dann hätte der Redner nicht erkennen können, dass der Zuhörer seine Nachricht anders deutet.

Rückkopplung 2: Aktives Zuhören

Im ersten Teil des Handbuchs haben wir bereits das Thema Aktives Zuhören bearbeitet.

Im Gegensatz zum Paraphrasieren steht das ‚Aktive Zuhören‘, das die Emotions-Ebene anspricht.

„Fühlen Sie sich wohl bei dieser Lösung?"

Durch diese Frage zielen Sie auf die Gefühlswelt Ihres Gesprächspartners. Dieser kann nervös, ungeduldig, verärgert sein. Erhalten Sie Einblick in seine Gefühle, können Sie das Gespräch entsprechend einleiten oder lenken.

Natürlich steht es Ihnen auch frei, über eigene Gefühle zu sprechen.

„Ich habe ein ungutes Gefühl, wenn ich beobachte, dass in Ihrem Team …"

Rückkopplung 3: Ich-Botschaften

In Ich-Botschaften wird der Gesprächspartner direkt mit einer Gefühlsaussage des Sprechers angesprochen.

Ich-Botschaften sind reversibel, das heißt, sie sind umkehrbar. Arbeiten Sie mit Ich-Botschaften, räumen Sie ein, dass der wahrgenommene Sachverhalt auch ein anderer sein könnte, als er Ihrer Wahrnehmung vorgaukelt.

Ein Vorgesetzter sagt zum Mitarbeiter.

„Mir ist zu Ohren gekommen …"

„Das gefällt mir gar nicht so …"

„Ich empfinde …"

Durch Aussagen dieser Art wird nur das eigene subjektive Empfinden ausgedrückt. Es erfolgt keine Schuldzuweisung dem Gesprächspartner gegenüber.

In zeitgemäßen Gesprächen ist der Einsatz von Ich-Botschaften wertvoll. Einmal deswegen, weil keine Schuld zugewiesen wird und vor allem, weil ein offener Gesprächsverlauf signalisiert wird. Was kann getan werden, um das Gefühl des Sprechers zu verbessern?

Rückkopplung 4: Du-Botschaften

In Du-Botschaften wird der Gesprächspartner direkt angesprochen, in der Regel mit einer (meist unprofessionellen) Anschuldigung.

Eine Du-Botschaft kann auch als Schuldzuweisung bezeichnet werden.

Sogenannte Schuldzuweisungen sind nicht-reversibel, das heißt nicht umkehrbar. Sie zementieren eine angebliche Wahrheit.

Ein Vorgesetzter sagt zum Mitarbeiter.

„Das haben Sie schlecht gemacht."

Er beurteilt mit dieser Aussage direkt sein Gegenüber. Das Verhalten des anderen wird als ‚schlecht' gewertet. Möglicherweise gibt es noch nicht geklärte Gründe, weshalb der Mitarbeiter sich genau wie geschehen verhalten hat.

Weiterhin fühlt sich der Gesprächspartner angegriffen, was zur Folge haben kann, dass er sich ‚zurückzieht' oder sogar abblockt. Das kann und darf nicht im Sinne der erfolgreichen Gesprächsführung sein.

Du-Botschaften sind in einem korrekt geführten Gespräch unangebracht.

Sollten Sie bewusst Ihren Gesprächspartner provozieren oder aus der Deckung locken wollen, können Sie solch eine Technik sicherlich einsetzen. Beachten Sie dabei, dass sich Ihr Gesprächspartner möglicherweise komplett verschließt und eine vernünftige Lösung nicht mehr gefunden werden kann.

Rückkopplung 5: Fragetechniken

Gezielte Fragen führen
zur Klärung bestimmter
Unklarheiten.

Statt Aussagen werden Fragen gewählt.

Das ist geschickt, kann doch bestimmtes Vorgehen ‚in Frage gestellt' werden, ohne eine Anschuldigung auszusprechen.

Ein Vorgesetzter fragt den Mitarbeiter.

„In wie weit ließe sich das Ergebnis noch optimieren?"

Werden abwechslungsreiche Fragen eingesetzt, kommt keine Langeweile auf.

Verwenden Sie beispielsweise: Offene und geschlossene Fragen, Alternativ- und Multiple-Choice-Fragen, Schätzfragen und andere.

Vorsicht bei Suggestiv-Fragen, die den Gesprächspartner bewusst in eine Richtung lenken sollen.

Bei geschickter Reihenfolge wird von einem sogenannten Fragetrichter gesprochen.

Dieser ermöglicht es, vom Allgemeinen auf die entscheidende Zielfrage zu lenken.

Auch sollte vermieden werden, dass der Gesprächspartner das Gefühl erhält, ausgefragt zu werden.

Schaffen Sie die Möglichkeit, dass Gegenfragen gestellt werden können.

Und zuletzt: Es wird natürlich nicht ausschließlich mit Fragen gearbeitet.

Konflikte

Unterschiedliche Meinungen im beruflichen Kontext

Ohne es zu wollen, kommt es zu Missverständnissen, tauchen Gerüchte auf oder es gerät etwas ‚in den falschen Hals'.

Nicht jeder reagiert sofort auf eine Verstimmung. Mancher frisst sie – bildhaft gesprochen – in sich hinein.

Hier ein Stich, dort ein Stich, schon wurde aus einer kleinen Verstimmung ein noch zurückgehaltener Ärger.

Fehlende und damit nicht stattfindende, klärende Gespräche lassen den Ärger immer weiterwachsen, bis es irgendwann ‚knallt'.

Lassen Sie es nicht so weit kommen.

Kämpfendes Zusammenkommen

Das Wort Konflikt kommt vom lateinischen Wort ‚confligere', das übersetzt ‚zusammentreffen' oder gar ‚kämpfen' bedeutet.

In der Rhetorik wird der Einsatz geballter Fäuste vermieden.

Wie wir wissen, kann die Rhetorik allerdings so ‚scharf' sein, dass sie einem Kampf gleichkommt.

Treffen zwei oder mehrere Personen mit unterschiedlichen Zielen aufeinander, kann es zum Konflikt kommen.

Ist keiner der Konfliktpartner bereit, den Konflikt gemeinsam zu lösen, riskiert jeder eine Eskalation des Konflikts.

Konflikte im Beruf

Im beruflichen Zusammenleben kommt es immer wieder zu Konflikten.

Hier sind einige typische Konflikte aufgeführt.

Bewertungskonflikt, Zielkonflikt

Es besteht eine Uneinigkeit über Ziele.

„Was wollen wir erreichen?"

Beurteilungskonflikt

Es besteht eine Uneinigkeit über die Art und Weise der Erreichung der Ziele.

„Wie wollen wir vorgehen?"

Verteilungskonflikt, Wertkonflikt, Interessenkonflikt

Es besteht eine Uneinigkeit über die Verteilung von Möglichkeiten (Geld, Material, Raum, Zeit, Manpower und andere).

„Wer bekommt wie viel?"

Systemkonflikt

Es besteht eine Uneinigkeit über Strukturen, Regeln und Aufgabenbereiche.

„Wer darf was machen?"

Beziehungskonflikt

Es besteht eine Uneinigkeit über Status und Macht bei der Zusammenarbeit.

„Wer mag wen und welche Stellung hat derjenige?"

Rollenkonflikt

Es besteht eine Uneinigkeit über das Verhalten einer Person in seiner hierarchischen Rolle.

„Welche Erwartungshaltung habe ich von meinem Chef?"

Sobald Sie einen Konflikt einer Gruppe zuordnen können, wissen Sie, was im Argen liegt.

Demnach wissen Sie auch, was geändert werden kann, um dem Konflikt den Nährboden zu entziehen.

Konflikteskalation

Werden Konflikte nicht gelöst, eskalieren sie.

Im Folgenden orientieren wir uns am Ebenenmodell der Eskalation nach Friedrich Glasl (österreichischer Konfliktforscher, *1941).

Das Ebenenmodell beschreibt insgesamt neun Konfliktstufen, die in drei Ebenen unterteilt werden.

1. Ebene Win-Win

Solange sich beide Konfliktpartner auf den Stufen 1, 2 oder 3 befinden, kann der Konflikt – eventuell auch mithilfe eines Außenstehenden – beigelegt werden. Beide würden dann noch als Gewinner aus der Situation hervorgehen.

2. Ebene Lose-Win oder Win-Lose

Überschreiten beide Konfliktpartner die dritte Stufe, kommen sie in die Lose-Win-Ebene beziehungsweise die Win-Lose-Ebene. Diese zieht sich über die Stufen 4, 5 und 6.

Wird der Konflikt auf einer dieser Stufen beendet, wird einer der beiden Konfliktpartner als Verlierer aus diesem gehen.

Allerdings ist zu keinem Moment klar, wer Gewinner und wer Verlierer sein wird.

Beide gehen davon aus, der Gewinner zu sein. Der Gedanke ist zwangsläufig und subjektiv betrachtet richtig, da ja jeder meint, im Recht zu sein.

Die Schuld hat der andere. Sonst gäbe es den Konflikt ja gar nicht.

Da beide glauben im Recht zu sein, kann demnach im Vorfeld nicht gesagt werden, wer am Ende tatsächlich als Gewinner und wer als Verlierer hervorgeht.

Jedem, der einen Konflikt auf diese Ebenen bringt soll deshalb klar sein, dass er mit deutlichem Verlust oder Image-Schaden aus dieser Situation gehen kann.

3. Ebene Lose-Lose

Die sechste Stufe dieses Konfliktmodells ist überschritten.

Auf der Ebene 7, 8 oder 9 kann der Konflikt nur noch so beendet werden, dass beide als Verlierer zu betrachten sind.

Unabhängig davon bewegen sich die Konfliktpartner jetzt in einem Bereich, der rechtlich oder sogar strafrechtlich verfolgt werden kann.

Wer sich auf diese Stufen wagt, weiß, dass er in der rechtlichen Grauzone und später tatsächlich illegal handelt.

Keiner kann gewinnen – beide verlieren.

Der Konflikt betrifft immer beide

Es mag einer sagen: „Ich lass mich einfach nicht in den Konflikt ziehen." Das ist grundsätzlich natürlich sehr lobenswert.

Tatsächlich ist es allerdings so, dass zu einem Konflikt zumindest zwei Personen gehören und beide gleichzeitig diesen Konflikt austragen. Sonst wäre es gar kein Konflikt.

Das heißt, dass sich beide Konfliktpartner jeweils auf derselben Ebene befinden.

Es kann nicht einer auf der Ebene 3 und der andere auf der Ebene 5 sein.

Verlauf nicht umkehrbar

Weiter ist erwähnenswert, dass der Verlauf des Konfliktes nicht umkehrbar ist. Wer einmal beispielsweise auf Stufe 4 angekommen ist, kann nicht mehr zurück auf Stufe 3.

Sie können nicht mehr zurück auf eine vorhergehende Stufe gehen.

Konfliktstufe 1: Verstimmung fühlen

Die Person nimmt eine Information wahr. Sie fühlt sich ver-
stimmt. Das ist der Ansatz zu einer Verhärtung mit dem möglichen Konfliktpartner.

Ebene: Win-Win-Ebene

Handlung: Die Person frisst das Gefühl in sich hinein.

Vorgehen: Mit der anderen Person gelegentlich sprechen.

Durch den direkten Dialog kann ein mögliches Gerücht er-
kannt werden.

Es gibt keinen Grund mehr für einen möglichen Konflikt.

Konfliktstufe 2: Austausch abwarten

Die Person hört das
Gerücht erneut. Sie
wartet darauf, dass
sie den Konflikt-
partner per Zufall
trifft.

Ebene: Win-Win-Ebene

Handlung: Person ist eingeschnappt und wartet auf das Zusammentreffen.

Vorgehen: Mit der anderen Person sprechen, sobald es sich
ergibt.

Im direkten Dialog kann es bereits zu Schuldzuweisungen
kommen.

Noch besteht die Möglichkeit, dass alles nur auf einem Missverständnis beruht.

Dann gäbe es keinen Grund mehr für einen möglichen Konflikt.

Beide könnten sich die Hand reichen und den Konflikt vergessen.

Konfliktstufe 3: Aktiv werden

Die Person geht zum Konfliktpartner und ‚fordert' ihn heraus.

Ebene: Win-Win-Ebene

Handlung: Die Person ist erbost. Sie entscheidet jetzt aktiv zu werden. Sie sucht den Konfliktpartner direkt auf.

Vorgehen: Mit der anderen Person ernsthaft diskutieren.

In dieser Diskussion kann schon mehr als ein böses Wort fallen.

Der Konfliktpartner wird nicht mehr als ‚netter' Mensch, sondern deutlich als Gegner betrachtet.

Der Konflikt kann in dieser Stufe beendet werden, sodass beide weiterhin zufrieden mit ihrer Tätigkeit sind.

Tatsächlich kommt es allerdings zu einer Beeinträchtigung in der Zusammenarbeit.

Dieser Sprung kann zwar gekittet werden, bleibt aber für sehr lange Zeit sichtbar.

Konfliktstufe 4: Koalitionen bilden

Die Person
sucht sich Un-
terstützung bei
Außenstehen-
den.

Ebene: Win-Lose-Ebene oder Lose-Win-Ebene

Handlung: Die Person will nicht alleine in ihrem Konflikt mit dem Konfliktpartner stehen.

Sie sucht (und findet) Unterstützung beispielsweise bei Kollegen.

Die Person berichtet den Kollegen, was der ‚böse' Konfliktpartner alles angestellt hat.

Die Außenstehenden stärken die Person in ihrem Empfinden, richtig zu handeln.

Die Person empfindet ein Gefühl der wachsenden Stärke.

Vorgehen: Mit dem Konfliktpartner wird nun nicht mehr gesprochen. Er gilt ab sofort als tabu.

Spätestens jetzt sind andere Personen in den Konflikt involviert.

Damit bleibt das Geschehen nicht mehr geheim.

Konfliktstufe 5: Gesichtsverlust zufügen

Die Person lässt beim Vorgesetzten das Gesicht des Konfliktpartners verlieren.

Ebene: Win-Lose-Ebene oder Lose-Win-Ebene

Handlung: Während eines Gesprächs mit dem Vorgesetzten des Konfliktpartners lässt die Person eine Bemerkung fallen, die dem Image des Konfliktpartners schadet.

Dieser verliert sozusagen jetzt sein Gesicht.

Vorgehen: Jemandem einer höheren Hierarchiestufe des Konfliktpartners einen Hinweis geben.

Der Konfliktpartner weiß nichts von diesem Vorgehen.

Es kann sein, dass er ein verändertes Verhalten seines Vorgesetzten wahrnimmt.

Auswirkungen auf berufliche Abläufe sind wahrscheinlich.

Konfliktstufe 6: Drohungen zeigen

Die Person droht dem Konfliktpartner direkt oder indirekt.

Ebene: Win-Lose-Ebene oder Lose-Win-Ebene

Handlung: Die Person droht dem Konfliktpartner: „Wenn du ..., dann werde ich ...“

Vorgehen: Die Person spricht versteckte oder offene Drohungen aus.

Dieses Vorgehen ist natürlich moralisch nicht mehr korrekt. Möglicherweise wird hier auch schon eine rechtliche Grauzone betreten.

Werden Drohungen ausgesprochen, muss damit gerechnet werden, dass diese irgendwann realisiert werden.

Die Person fühlt sich stark genug, der Drohung eine Handlung folgen zu lassen.

Konfliktstufe 7: Schaden zufügen

Die Person führt begrenzte Vernichtungsschläge aus.

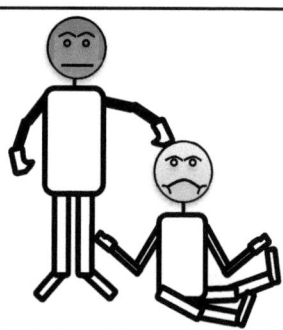

Ebene: Lose-Lose-Ebene

Handlung: Die Person führt dem Konfliktpartner Schaden an dessen Eigentum zu.

Vorgehen: Die Person beschädigt oder zerstört Eigentum des Konfliktpartners, solange dieser nicht vor Ort ist.

Der Konfliktpartner kann nicht sicher sein, wer den Schaden zuführte; wohl glaubt er es zu wissen. Ihm fehlen lediglich die Beweise, weshalb er relativ hilflos dieser Situation ausgesetzt ist.

Spätestens ab dieser Ebene bewegt sich die Person im Bereich der Illegalität.

Sie weiß das auch, aber es ist ihr egal. Verbohrt im Bewusstsein das Recht auf ihrer Seite zu haben, fügt sie den Schaden zu.

Sollte sie überführt werden, hat sie mit Strafe zu rechnen.

Der Konfliktpartner ist bereits aufgrund des zugefügten Schadens bestraft.

Hier wird deutlich, weshalb sich beide auf der Lose-Lose-Ebene befinden.

Konfliktstufe 8: Angriffe starten

Die Person startet persönliche Angriffe auf den Konflikt-partner. Es wird von einer Zersplitterung gesprochen.

Ebene: Lose-Lose-Ebene

Handlung: Die Person greift den Konfliktpartner körperlich an.

Vorgehen: Die Person sucht den Konfliktpartner auf oder lauert ihm auf. Sie ist mittlerweile hasserfüllt.

Sie sieht in dem Konfliktpartner keinen Menschen mehr, sondern einen erbitterten Gegner. Diesen gilt es zu vernichten.

Deshalb wird sie nun handgreiflich. Eine Schlägerei oder Schlimmeres ist möglich.

Da die Person inzwischen so viel Aggression in sich gesammelt hat, ist es ihr egal, ob der Konfliktpartner körperlichen Schaden nimmt – im Gegenteil. Das ist ihr auch ganz recht so.

Selbstverständlich weiß sie, dass sie mit einer empfindlichen Strafe zu rechnen hat, wird ihr Vorgehen geahndet.

Durch ihr Vorgehen riskiert die Person sogar den eigenen Arbeitsplatz. Es ist ihr mittlerweile vollkommen egal, was andere über sie oder ihr Vorgehen denken.

Konfliktstufe 9: Vernichtung umsetzen

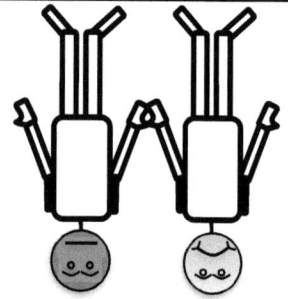

Die Person vernichtet die andere und sich selbst gleich mit. Gemeinsam geht es in den Abgrund.

Ebene: Lose-Lose-Ebene

Handlung: Die Person sucht den Konfliktpartner auf, um ihn zu vernichten.

Vorgehen: Die Person hat mit ihrem eigenen Leben mehr oder weniger abgeschlossen. Sie will nur noch eins: Rache!

Sie geht planmäßig vor, um den Konfliktpartner radikal und endgültig zu vernichten. Sollte er dabei sein Leben verlieren, nähme die Person das in Kauf. Es ist ihr egal.

Auch ist es ihr egal, wenn sie bei dieser Vernichtungskampagne das eigene Leben verliert. Viel wichtiger ist ihr, dass Ihr Gegenüber vernichtet wird.

Sie lässt sich von ihrem Vorhaben nicht mehr abbringen.

Es ist deutlich zu erkennen, dass es hier kein Zurück mehr gibt. Der Rachefeldzug kann nicht gut ausgehen.

Die Fronten gegeneinander sind zu stark und unüberwindbar geworden.

Gemeinsam in den Abgrund bedeutet tatsächlich, dass die Person ihr eigenes Leben aufs Spiel setzt.

Puh, das ist ein extremer Ausgang der Konflikt-Eskalations-Stufen.

Sie werden gemerkt haben, wie die Konflikttiefe von Ebene zu Ebene deutlich zunimmt. Von Ebene 1 zur Ebene 2 ist es ein kleiner Schritt – bildhaft gesehen – in der Höhe einer Stufe.

Der Schritt von Stufe 8 auf Stufe 9, obwohl es auch nur eine Ebene tiefer ist, ist hingegen viel gravierender.

Am besten ist es, dieses Modell einmal in aller Ruhe zu überdenken.

Wie schnell rutscht einem Gesprächspartner während eines Konflikts etwas heraus und macht im zwischenmenschlichen Zusammensein viel kaputt, was ‚eigentlich' gar nicht beabsichtigt war.

In wie vielen Familien treffen wir auf Konstellationen, in denen Familienmitglieder seit Jahren nicht miteinander gesprochen haben.

Würden sie unabhängig voneinander befragt, wüssten sie sehr wahrscheinlich gar nicht mehr den ursprünglichen Anlass für den Konflikt.

Das nächste Treffen findet dann statt, wenn jemand aus der Familie verstorben ist und beide Familienmitglieder sich anlässlich der Trauerfeier treffen.

Passen Sie auf, dass Ihnen im beruflichen Umfeld der Konflikt nicht entgleitet. Sonst haben Sie einen Feind für den Rest Ihres Berufs zu beklagen.

Konfliktlösungen

Damit Sie bei aufgetretenen oder anstehenden Konflikten dem Abgrund entgehen, suchen Sie eine Lösung.

Hier orientieren wir uns an den Konfliktlösungsstilen nach Kenneth Wayne Thomas (1976).

Fünf Konstellationen sind denkbar.

Konfliktlösung: Vermeidung

Beide meiden die Konfrontation der Aufgabe. Sie vermeiden die Konfliktsituation.

Lose-Lose-Ebene

Eigenes Interesse erfüllt zu: 0 Prozent.

Interessen des anderen erfüllt zu: 0 Prozent.

Ohne den möglichen Konflikt überhaupt in Betracht zu ziehen, ziehen es beide (potentiellen) Konfliktpartner vor, den Konflikt zu vermeiden.

Konfliktlösung: Durchsetzen

Die Person bekommt alles. Sie setzt sich durch.

Win-Lose-Ebene

Eigenes Interesse erfüllt zu: 100 Prozent.

Interessen des anderen erfüllt zu: 0 Prozent.

Da die eigenen Interessen komplett erfüllt werden, bekommt der andere nichts ab. Eine weitere, vernünftige Zusammenarbeit ist unglaubhaft.

Konfliktlösung: Nachgeben

Die Person bekommt
nichts. Sie gibt nach.

Lose-Win-Ebene

Eigenes Interesse erfüllt zu: 0 Prozent.

Interessen des anderen erfüllt zu: 100 Prozent.

Da die eigenen Interessen überhaupt nicht erfüllt werden, bekommt der andere alles.

Auch hier ist eine weitere, vernünftige Zusammenarbeit unwahrscheinlich.

Konfliktlösung: Kompromiss

Beide können ihre
Interessen zum Teil
durchsetzen.

Win-Win-Ebene

Eigenes Interesse erfüllt zu: 50 Prozent.

Interessen des anderen erfüllt zu: 50 Prozent.

Es liegt zwar eine Win-Win-Konstellation vor – aber nur bedingt. Denn tatsächlich musste jeder einen Teil seiner eigenen Interessen abschreiben.

In vielen Situationen wird es zu solch einer Kompromiss-Lösung kommen.

Die beiden Konfliktpartner sind in der Regel einigermaßen zufrieden mit der Lösung.

In der Praxis werden im beruflichen und politischen Umfeld häufig Kompromisse geschlossen.

Das Ergebnis muss nicht automatisch 50:50 sein, es könnte auch 30:70 oder 20:80 ausgehen.

Noch immer läge ein Kompromiss vor.

Nicht umsonst wird oft auch von einem ‚faulen' Kompromiss gesprochen.

Konfliktlösung: Kooperation

Beide Personen bekommen jeweils alles.

Super Win-Win-Ebene

Eigenes Interesse erfüllt zu: 100 Prozent.

Interessen des anderen erfüllt zu: 100 Prozent.

Mathematisch betrachtet kann die Summe der eigenen und der fremden Interessen zusammen immer nur 100 ergeben.

Wie kann ein Ergebnis zweimal 100 ausmachen?

Ganz einfach: Wir lösen uns von den mathematischen 100 Prozent, um auch auf ein anderes Ergebnis kommen zu können.

Die 2 × 100 stellen dar, dass jeder seine Interessen zu 100 Prozent erreichen konnte. Da das erreicht wurde, wird von einer Kooperation gesprochen.

In der Praxis wird Ebene diese bedauerlicherweise eher selten erreicht, da insgeheim doch noch gehofft wird, ‚etwas mehr' herauszuholen.

Trotzdem ist die Kooperation erstrebenswert.

Können beide ihre Interessen zu 100 % erfüllen, dürfen sie sich als glücklich bezeichnen.

Zeigen Sie Stärke und Empathie, um diese Konfliktlösung zu erreichen.

Genügend miteinander kommuniziert?

Liebe Leserin, lieber Leser, Sie haben Teil zwei des Handbuchs durchgearbeitet und die Dialogformen kennengelernt.

Ihnen wurden Tipps und Vorschläge gegeben, wie Sie ein vernünftiges Gespräch aufbauen und führen können.

Eingangs wurde bereits auf die Wichtigkeit von Gesprächen hingewiesen.

Leider zeigt sich immer wieder, dass sich Gesprächspartner nicht oder nur unzureichend auf ein anstehendes Gespräch vorbereiten.

Das wundert, stellt der Ausgang des Gesprächs oft eine entscheidende Weiche für die eigene Zukunft.

Profisportler trainieren fast täglich, um fit zu bleiben. Künstler verfeinern ihre Techniken ständig, um beste Ergebnisse in ihrer Kunst zu zeigen.

Und wann findet das Training von Rednern, Vortragenden, Gesprächsleitern, Führungskräften und anderen statt?

Einige unterziehen sich dieser Mühen, wohl wissend, dass sie durch das Training in ihrem Arbeitsfeld immer besser werden.

Training tut gut und erzielt immer bessere Gesprächsergebnisse.

Setzen Sie alles daran, keine Konflikte entstehen zu lassen.

Werden Sie trotzdem einmal in einen Konflikt gezogen, streben Sie aktiv und so schnell wie möglich eine Lösung des Konflikts an.

Schaffen Sie zumindest Kompromisse. Wo immer es geht, sollte die Kooperation das Ziel sein.

Teil 3 – Moderation, Diskussion, Talk-Runde und Polit-Talk

Moderation, Diskussion, Austausch

Let's talk

Liebe Leserin, lieber Leser, in diesem Teil des Handbuchs liegt der Schwerpunkt auf Gesprächsrunden.

Im Gegensatz zu den oben aufgelisteten Beispielen der Gespräche, in denen vorwiegend zwei Gesprächspartner eine Konversation führten, wird hier von Runden mit mehreren Teilnehmern gesprochen.

Üblicherweise gibt es einen aus der Runde, der auch als Gesprächsleiter bezeichnet werden kann.

Ihnen wird geschildert, wie sich der Gesprächsleiter in Gesprächsrunden verhält, um eine zielführende Gesprächsatmosphäre zu erreichen.

Wer die Rolle des Gesprächsleiters übernimmt, hat neben der organisatorischen Verantwortung die Herausforderung, neutral vorzugehen.

Das hört sich leichter an, als es für viele ist.

Das hat folgende Gründe: Erstens hat der Gesprächsleiter aufgrund seiner Funktion und Rolle sowieso mehr ‚Kraft'.

Er kann Teilnehmer um Wortmeldungen bitten, Ergebnisse zusammenfassen, das Gesprächsthema in eine bestimmte Richtung lenken und so weiter.

Zweitens wird er unabhängig seiner Rolle eine eigene Meinung zum Gesprächsthema haben. Vertritt er seine eigene Meinung, wird er einen Teil der Teilnehmer unterstützen und die anderen benachteiligen.

Dadurch wird der Teil der Anwesenden stärker, was zu deren Dominanz führt.

Ihre Meinungen und Ideen werden eher realisiert. Im Sinne der Fairness ist das natürlich nicht in Ordnung.

Sollten Sie die Rolle des Gesprächsleiters übernehmen, werden Sie ganz schnell merken, wie schwierig es ist, eine neutrale Haltung einzunehmen. Selbstdisziplin hilft dabei.

Moderation – Diskussion – Talk-Runde – Polit-Talk

Gegenseitiger Respekt in Gesprächsrunden

Am 14./15.12.2013 war in der Süddeutschen Zeitung dieser aufmerksam machende Titel zu lesen:

„Das große Palaver"

Im Untertitel wurde bemängelt: „Jeden Tag treffen sie sich aufs Neue, die Zeitdiebe und Selbstdarsteller, die Nörgler und die Schweiger. Bei Kaffee und Keksen fühlen sich die einen wichtig – und die anderen schwer genervt."

Viele Teilnehmer etlicher Meetings werden diesen Stoßseufzern zustimmen können.

Erscheinen Meetings doch häufig als Zeitverlust.

Damit dem nicht so ist, können bestimmte Vorgehensweisen berücksichtigt werden.

Aus dem langweiligen Meeting wird ein effektives Zusammensein mit konstruktiven und auf die Zukunft gerichteten Zielen.

Übrigens: Ein Palaver ist ein überflüssiges, langweiliges Gespräch. Der Duden beschreibt es als endloses, überflüssiges Hin-und-her-Gerede.

Setzen Sie sich als Ziel, statt ein zeit- und nervenfressenden Palavers zu akzeptieren, lieber eine zeitsparende und gelenkte Gesprächsrunde zu leiten.

Verhalten des Gesprächsleiters

Betrachten wir zuerst Ihre Rolle als Gesprächsleiter beziehungsweise als Gesprächsleiterin.

Sind Sie Diskussionsleiter, Gesprächsleiter oder Gesprächsführer in einer Gesprächsrunde?

Schauen Sie sich in den TV-Programmen um, sehen Sie ein vielfältiges Angebot verschiedener Gesprächsrunden. Zum Beispiel:

- Moderationsrunden
- Diskussionsrunden
- Talk-Runden
- Polit-Talks
- sonstige Gesprächsrunden

Es gibt eine Gesprächsleiterin beziehungsweise einen Gesprächsleiter.

Das ist eine Person, die die Runde leitet beziehungsweise moderiert und in einer Art regelt, die am Ende der Runde das Ziel des Gesprächs auch erreichen lässt.

Bezeichnen wir diese Person im Folgenden als Gesprächsleiter beziehungsweise als Gesprächsleiterin.

Neben menschlichen und psychologischen Grundkenntnissen wird sich diese Person auf das Gesprächsthema vorbereitet haben und über Kenntnisse der verbalen wie nonverbalen Kommunikation verfügen.

Und – nicht vergessen – ein seriöser Gesprächspartner ist unparteiisch! In den Medien werden uns Tag für Tag unzählige Gesprächsleiter präsentiert.

Ein Ziel dieses Kapitels ist, zu zeigen, wie Sie sich als motivierende Personen aufs Beste verhalten können.

1. Moderation

Das Charakteristische in einer Moderationsrunde ist, dass alle Gesprächspartner ein im Voraus bestimmtes Ziel erreichen sollen.

2. Diskussion

In der Diskussion hingegen werden zwei und auch mehr unterschiedliche Meinungen durch die Gesprächspartner vertreten.

Hier ist das Ziel, die unterschiedlichen Meinungen anzuhören und gegebenenfalls zu einem Kompromiss zu kommen.

3. Talk-Runde

In der Talk-Runde werden verschiedene Themen besprochen.

Es muss weder ein Pro noch ein Kontra geben, noch muss ein gemeinsames Ziel erreicht werden.

Die Gesprächspartner informieren beispielsweise über ihre Erfahrung, ihr Wissen oder ihre Person.

4. Polit-Talk

Ähnlich ist der Polit-Talk einer Talk-Runde, wobei die eingeladenen Politiker ihre politischen Ideen darstellen wollen.

Gemeinsamkeiten der Gesprächsrunden

Allen diesen Gesprächsrunden ist gemein, dass

- es einen Gesprächsleiter/Diskussionsleiter gibt und
- mehrere Gäste eingeladen sind: Dabei ist eine Gästezahl von fünf sehr gefällig, da
  - jeder problemlos zu Wort kommen kann und soll,
  - bei Abstimmungen keine Stimmengleichheit entsteht und
  - es in der Regel genügende verschiedene Meinungen gibt.

Spielregeln für Gesprächsrunden

Informieren Sie Ihre Gäste beziehungsweise Teilnehmer am Gespräch schon vor Beginn des Gesprächs über die Spielregeln. Zum Beispiel:

- über die zur Verfügung stehende Zeit
- über das Thema der Gesprächsrunde
- über die Vorgehensweise bei Redebeiträgen:
  - wie sich zu Wort gemeldet werden soll (zum Beispiel durch Handzeichen)
- über den Umgang bei Zwischenrufen oder Störungen

Gesprächs-Etikette

Achten Sie auf zeitgemäße Umgangsformen in Gesprächsrunden.

Die Atmosphäre soll jederzeit entspannt sein. Nur so ist kreatives Denken möglich.
Alle Teilnehmer an Gesprächsrunden sollen möglichst gleich viel sprechen können.
Der Gedankenaustausch sollte stets sachbezogen sein.
Jedem Teilnehmer ist das Thema bekannt.
Alle Teilnehmer sollen ihre Meinungen – auch unorthodoxe Ansichten – offen zum Ausdruck bringen.
Die Teilnehmer hören einander zu.
Die Teilnehmer respektieren einander.
Es werden keine Killerphrasen benutzt.

Die Ziele werden von jedem Teilnehmer verstanden und akzeptiert.

Jeder Redebeitrag – auch wenn er anfangs unrealistisch erscheint – wird ernst genommen.

Bei Meinungsverschiedenheiten klärt die Moderation und schlichtet.

Unterschiedliche Ansichten werden nicht unterdrückt.

Gruppenentscheidungen können per Mehrheitsbeschluss gefällt werden. Vorher abklären!

Bevor eine Aufgabe in Angriff genommen wird, erfolgt die realistische Zielsetzung.

Jeder Gesprächsteilnehmer soll – wenn irgend möglich – gleich viele Redebeiträge bringen.

Jeder Teilnehmer kann ausreden – wird nicht unterbrochen.

Auf höfliche Umgangsformen wird geachtet.

Kein Teilnehmer wird persönlich angegriffen.

Gegebenenfalls die Beiträge in einem Protokoll festhalten.

Verhalten des Gesprächsteilnehmers

Obwohl es nicht in Ihrer Macht als Gesprächsleiter ist, das Verhalten des Gastes zu bestimmen, wird dieser in einer seriösen Gesprächsrunde ein (menschlich) korrektes Verhalten anstreben. Darunter wird verstanden:

Korrektes Verhalten	Unfaires Verhalten
konkret antworten	ausweichen, nichtssagende Antworten, Schlitzohrigkeit
keine Rechtfertigung	verteidigende Erklärungen abgeben, entschuldigen
kurze, knappe Aussagen	Langatmigkeiten. Erzeugen von Langeweile
Aussagen der anderen akzeptieren	jede Form des Belehrens, Dozierens, arroganten oder überheblichen Argumentierens
ruhig bleiben	sich aggressiv verhalten
Flexibilität zeigen	keine Rechtsstandpunkte festlegen, verteidigen oder vertreten, wenn dies nicht unbedingt notwendig ist
selbstbewusste, unaufdringliche Natürlichkeit zeigen	ein Zuviel oder Zuwenig an Selbstdarstellung zeigen
den Gesprächsleiter in seiner Funktion anerkennen	den Gesprächsleiter persönlich angreifen, unterbrechen oder Fähigkeiten der Moderation absprechen, korrigieren oder arrogant behandeln
Wortmeldungen anzeigen	dazwischenrufen

jeden ausreden lassen	unterbrechen
eigene Meinung vertreten	sich auf Autoritäten/Dritte berufen
ehrlich bleiben	Falsche oder ungesicherte Behauptungen aufstellen
Gesprächsteilnehmer und Gesprächsleiter mit Namen ansprechen und Blickkontakt aufnehmen	Gesprächsteilnehmer und Gesprächsleiter anonym behandeln und Blickkontakt vermeiden
Gestik gezielt einsetzen	wild gestikulieren
verständliche Sprache wählen	Unwörter, Füllwörter, Straßenwörter usw. benutzen

Versuchen Sie, Ihre Gäste auf das korrekte, faire Gesprächs-verhalten zu lenken.

Gesprächsrunde: Diskussionsrunde

Die Teil-
nehmer
sitzen im
Kreis. Es
gibt einen
Ge-
sprächslei-
ter und die
Teilneh-
mer.

Bei der Diskussionsrunde liegen mindestens zwei eindeutig verschiedene Meinungen vor.

Beide Meinungen werden angehört und die Aussagen von allen Seiten beleuchtet.

In einer Diskussionsrunde kann es recht hitzig zugehen. Umso mehr muss die Leitung der Diskussionsrunde einen kühlen Kopf bewahren.

Auch wenn es schwerfallen sollte, die Moderation wird weder eine eigene Meinung zu erkennen geben, noch eine Aussage eines Diskussionsteilnehmers werten. („Find ich gut.")

Als Leitung einer Diskussionsrunde können Sie die Verhaltensweise eines Gesprächsteilnehmers sehr wohl kritisieren („Ich finde es nicht fair, wenn Sie ständig dazwischenrufen!"), nicht aber die Aussage eines Gesprächsteilnehmers („Ich finde Ihre Aussage unglaubwürdig!").

Um den Diskussions-Charakter bildhaft zu verdeutlichen, sitzen sich die beiden Parteien gerne gegenüber.

Bei diesem Gegenübersitzen ist die Hierarchie nicht mehr unbedingt deutlich erkennbar. Beide Parteien gelten als gleichwertig.

Gute Diskus-
sionsrunden
ergeben sich
oft bei ‚2 zu 2'
oder ‚3 zu 3'
Gesprächsteil-
nehmern.

Beispiel einer Diskussionsrunde

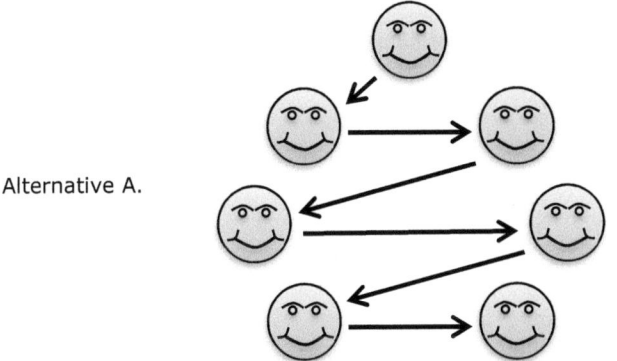

Alternative A.

Nach der Begrüßung wird ein Gesprächsteilnehmer der Partei X aufgefordert, seine Meinung zu äußern.

Dann sagt ein Teilnehmer der Partei Y seine (anderslau-
tende) Meinung.

Sodann folgt wieder jemand der Partei X, dann von Y und
immer so weiter im Wechsel.

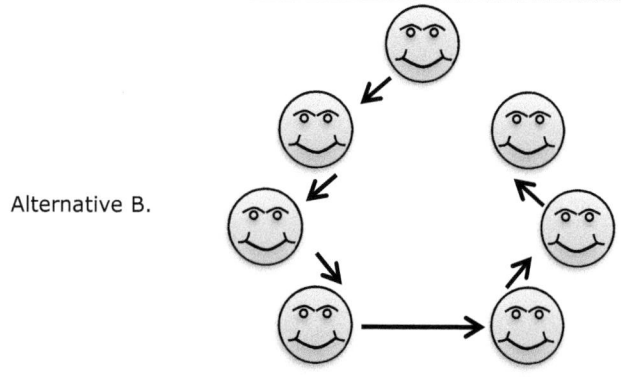

Alternative B.

Nach der Begrüßung begründet jeder Teilnehmer der Gruppe X seine Meinung. Anschließend jeder Teilnehmer der Gruppe Y.

Der Diskussionsleiter muss bei diesem Verfahren sehr genau aufpassen, dass nicht einer der Teilnehmer anfängt, endlos lange Monologe zu halten. Der Wechsel der Redebeiträge erfolgt häufig und lebhaft.

Hin und wieder kann sich ein kurzer Dialog zwischen einem Vertreter der Gruppe X und einem Vertreter der Gruppe Y ergeben.

Ein kurzer Dialog ist zu akzeptieren.

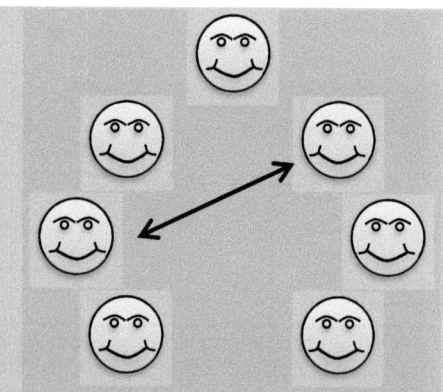

Droht der Dialog jedoch zeitlich auszuufern, unterbricht die Gesprächsleitung, um einen anderen Gesprächsteilnehmer zu einem Redebeitrag aufzufordern.

Am Ende der Diskussionsrunde fasst die Diskussionsleitung Ablauf und Ergebnis der Diskussion zusammen.

Gesprächsrunde: Die Talk-Runde

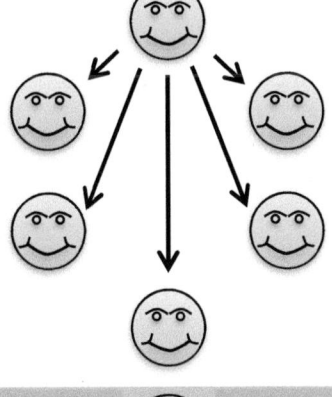

Die Gäste sitzen im Kreis und einer nach dem anderen wird um seine Meinung zu einem bestimmten Thema gefragt.

Ein Austausch untereinander ist erwünscht.

Zu Talk-Runden werden gerne verschiedene Gäste-Charaktere eingeladen, um der Runde eine gewisse Würze zu geben.

Das gilt auch für deren Arbeits- oder Anschauungsbereiche. So könnte beispielsweise je ein Vertreter aus Politik, Religion, Wirtschaft, Wissenschaft und Kultur eingeladen werden.

Oder alternativ: Ein Experte, ein Visionär, eine kreative Person, eine verrückt Denkende und ein Realist.

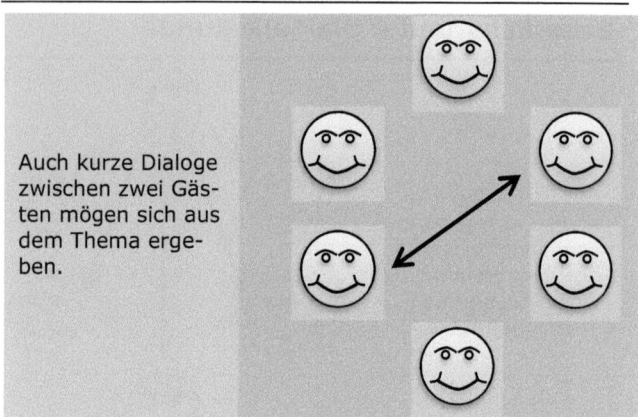

Auch kurze Dialoge zwischen zwei Gästen mögen sich aus dem Thema ergeben.

Wie bei allen anderen Gesprächsrunden sollen auch am Ende der Talk-Runde alle Gäste ungefähr gleich oft geredet und gleichviel gesagt haben.

Eine Zusammenfassung durch die Gesprächsleitung am Ende einer Talk-Runde ist nicht nötig, weil kein gemeinsames Ziel gefunden werden muss.

Trotzdem empfehlen sich ein Abschlusssatz, sowie ein Dankeschön an alle Teilnehmer der Talk-Runde.

Für die Zuhörer oder Zuschauer ist die Talk-Runde besonders dann von Interesse, wenn verschiedene Ansichten und Informationen – häufig auch über die Gäste selbst – vermittelt werden.

Gesprächsrunde: Der Polit-Talk

Manchmal könnte der unbedarfte Zuschauer den Eindruck gewinnen, dass sich Politiker und Politikerinnen mehr in Talk-Runden aufhalten als im Bundestag.

Politisch Verantwortliche nutzen die Möglichkeit, ihre Ideen öffentlich innerhalb einer Gesprächsrunde darzustellen.

Die Vorgehensweise beziehungsweise die praktische Umsetzung des Polit-Talkes ist einer Talk-Runde gleichzusetzen.

Die Gäste sitzen im Kreis und einer nach dem anderen wird um seine Meinung gebeten.

Der Gesprächsleiter beziehungsweise die Gesprächsleiterin muss hier gegebenenfalls noch genauer auf politische Ausgewogenheit bei den Redebeiträgen achten.

Aufgrund der politischen Voreingenommenheit des Politikers wird dieser kaum eine gegensätzliche politische Meinung übernehmen.

So ist in solchen Talk-Runden davon auszugehen, dass die eigene Meinung heftig gegen verbale Angriffe verteidigt wird.

Gesprächsrunde: Das Streitgespräch

In einem Streitgespräch sitzen zwei Kontrahenten, die von einem Gesprächsleiter durch das (Streit-)Gespräch geführt werden.

Der Gesprächsleiter achtet darauf, dass beide Teilnehmer möglichst gleich viele Beiträge geben.

Der Gesprächsleiter ist auch hier, gerade hier, absolut neutral.

Deshalb ist es gut, einen Gesprächsleiter zu wählen, der frei von beruflichen und privaten (Ver)-bindungen zu den Streitenden ist.

Gesprächsrunde: TV-Duell

Zwei Gesprächspartner treffen aufeinander und werden von einem oder mehreren Gesprächsleitern geleitet.

Das ist typisch bei sogenannten Elefantenrunden (Kanzler/Präsident und Kanzlerkandidat/Herausforderer).

Aus Gleichheitsgründen sollen beide Kandidaten entweder stehen oder sitzen.

Das Wort Duell als solches zeigt die Erwartungshaltung, dass die Gesprächspartner verbal miteinander kämpfen.

So wurde das sehr freundliche Umgehen während des TV-Duells zwischen Kanzlerin Angela Merkel und Herausforderer Frank-Walter Steinmeier im September 2009 von vielen Journalisten bemängelt.

Zuhörer oder Fans werden darauf achten, dass ihr Favorit absolut fair behandelt wird und dieselbe Sprechzeit wie der andere Teilnehmer hat.

Modell 90-60-30 Abfolge

	Der Gesprächsleiter fragt den Kandidaten	
90 Sekunden	antwortet der Kandidat auf die Frage	Answer
60 Sekunden	reagiert der Kandidat B auf die Antwort	Rebuttal
30 Sekunden	schließt der Kandidat A das Thema ab.	Response

Modell Town-Hall-Gespräch

Die Kandidaten reichen dem Gesprächsleiter vor Sendebeginn die Fragen ein, die ihnen gestellt werden dürfen.

Beide Kandidaten stehen schutzlos vor den Kameras.

Der Gesprächsleiter unterbricht – auch mitten im Satz – wenn die jeweilige Sprechzeit überschritten wird.

Die Gesprächsrunde eröffnen und schließen

Es ist so weit.

Die Gäste haben Platz genommen, gegebenenfalls stehen Tischschilder mit ihren Namen vor ihnen.

Gesprächsrunde eröffnen

Sie – als Gesprächsleiter beziehungsweise Gesprächsleiterin – eröffnen die Gesprächsrunde:

1. Begrüßen Sie die Teilnehmer.
2. Stellen Sie sich selbst vor.
3. Nennen Sie das Thema.
4. Erläutern Sie (eventuell) die Spielregeln.
5. Stellen Sie Ihre Gäste vor.
6. Eröffnen und beginnen Sie die Gesprächsrunde.

Die Zusammenfassung

Es wäre sehr schade – und würde Ihre Arbeit auch abwerten – wenn Sie mit „Das war's." aufhörten.

Im Schlussteil erfolgt eine kurze Zusammenfassung der Gesprächsrunde.

Die Gesprächspartner erinnern sich an einzelne Punkte des Gesprächs, und durch die Zusammenfassung erhalten sie einen Überblick – sozusagen im Schnelldurchlauf.

Damit die Erinnerungen beim Teilnehmer richtig aufgerufen werden, empfiehlt sich die Zusammenfassung in chronologischer (zeitlicher) Reihenfolge.

Jetzt könnte der Teilnehmer nach Hause gehen.

Er wurde (hoffentlich) um einige Informationen bereichert.

Gesprächsrunde schließen

Das Gesprächs-Ende leiten Sie wie folgt ein:

1. Nennen Sie einzelne Gesprächsthemen nochmal zusammenfassend.
2. Halten Sie gefundene Ergebnisse, Vereinbarungen, Ziele fest.

3. Bedanken Sie sich bei Ihren Gesprächsteilneh-
mern.

4. Weisen Sie auf etwaige Folgeveranstaltungen hin.

5. Verabschieden Sie Ihre Gesprächsteilnehmer.

Nach geglückter Durchführung der Moderation begeben Sie sich nun zum letzten Teil der Gesprächsrunde, dem Schluss-teil.

Flott moderiert

Liebe Leserin, lieber Leser, trauen Sie sich die Rolle eines Gesprächsleiters zu? Sind Sie stark genug, sich durchzusetzen, ohne zu dominant oder aggressiv zu wirken?

Können Sie die Neutralität gewährleisten?

Sollten Sie beruflich in die Situation kommen, häufige Gesprächsrunden leiten zu dürfen, sorgen Sie für die effektive Nutzung der zur Verfügung stehenden Zeit.

Zeit ist ein kostbares Gut. Sie können dafür sorgen, sie nicht durch unnützes ‚Palaver‘ zu vergeuden. Es ist nicht nur Ihre Zeit, sondern auch die Zeit der Gesprächsteilnehmer.

Sie erleichtern Teilnehmern in der Gesprächsrunde den Diskussionsverlauf, wenn Sie ein Gesprächsgerüst, eine Art Struktur erkennen lassen.

Lenken Sie die Beteiligten harmonisch und effektiv durch die Runde.

Kennen die Teilnehmer die Spielregeln, können sie sich daran orientieren.

Sie als Gesprächsleiter haben es in der Hand, es nicht nur allen Teilnehmern leichter zu machen, sondern sich selbst auch.

Am Ende der Gesprächsrunde wird es für die Beteiligten angenehm sein, einen Zugewinn an Informationen erhalten und/oder das Gesprächsziel in überschaubarer Zeit erreicht zu haben.

Ausleitung

„Zielorientiert und zeitsparend Gespräche lenken"

Liebe Leserin, lieber Leser, Sie sind am Ende dieses Handbuchs angekommen. Sie erhielten einen Einblick in die Basis der Gesprächsführung, wie das Aktive Zuhören, die Empathie, den Aufbau positiver Atmosphäre.

Es wurde gezeigt, wie Gespräche sinnvoll vorbereitet und effektiv durchgeführt werden. Das rein Fachliche und Inhaltliche muss stimmen, aber auch das Emotionale, das Menschliche.

Dass hierbei der Respekt und die Wertschätzung eine wichtige Rolle spielen, wurde herausgestellt.

Es wurde gezeigt, wie schnell und auch ungewünscht Sie in einen Konflikt gezogen werden können – obwohl Sie sich gegebenenfalls gar keiner Schuld bewusst sind.

Nachdem die Gespräche nun gut laufen, wurde gezeigt, wie in Diskussionen, Talkrunden und anderen Gesprächsrunden zielorientiert vorgegangen wird: als Teilnehmer wie auch als Gesprächsleiter. Sie sollten nun wissen, wie solche Runden professionell gelenkt werden können.

Wie bei allen anderen Themen aus dem Bereich der Rhetorik und Präsentation zeigt sich auch hier, dass Üben und Trainieren sukzessive hilft, immer bessere Gesprächsrunden zu leiten.

Versuchen Sie es einfach einmal. Sie werden merken, dass diese Tätigkeit auch Spaß bereiten kann.

Gehen Ihre Gesprächsteilnehmer zufrieden aus der Gesprächsrunde, weil sie spüren, dass zügig und gehaltvoll gearbeitet wurde, werden sie es Ihnen danken.

Guten Erfolg mit Ihrem Wissen und Ihren Fähigkeiten.

Alles Beste bis zu einem möglichen ‚Wiederlesen' in einem anderen Ratgeber unserer Reihe „Das kleine Rhetorik-Handbuch [2100]".

Horst Hanisch

Stichwortverzeichnis

Knigge als Synonym

Umgang mit Menschen

Suche weniger selbst zu glänzen, als andern Gelegenheit zu geben, sich von vorteilhaften Seiten zu zeigen, wenn Du gelobt werden und gefallen willst.

Adolph Freiherr Knigge, aus dem Buch „Über den Umgang mit Menschen",
1788
(1752 - 1796)

Schon zu seinen Lebzeiten war Adolph Freiherr Knigge (1752 – 1796) umstritten. Knigge setzte sich durch sein energisches Eintreten für die Ziele der Aufklärung, so wie er sie verstand, scharfen Angriffen aus. Er arbeitete als Romanschriftsteller und Satiriker sowie als politischer Schriftsteller. Er gehörte den Freimaurern an. Heute ist Knigge vor allem seines Buches wegen ‚Über den Umgang mit Menschen' (1788) bekannt. Und zwar deswegen, weil sein Werk als Etikette-Buch angesehen wird.

Das große Missverständnis

Knigge verdankt seinen heutigen Ruf und Erfolg aber einem Missverständnis. Denn: Das Werk Adolph Freiherr Knigges gilt als Etikette-Buch ersten Rangs. Allerdings beschreibt Knigge keine Regeln wie mit Besteck umzugehen ist oder das Verhalten bei Tisch, stattdessen offenbart er eine praktische Lebensphilosophie im Umgang mit Mitmenschen. Er gibt Anleitungen und Anregungen, wie mit seinen Mitmenschen richtig umzugehen ist. Knigge hoffte damit, dass die Menschen glücklich und froh miteinander leben könnten. Sein Buch erschien 1788 und war schon kurze Zeit in fast allen Haushalten zu finden. Auch über 200 Jahre nach Erscheinen prägt sich sein Buch im Bewusstsein der Leser als praktisches Handbuch über gutes Benehmen ein.

Über den Umgang mit Menschen

In drei Teilen seines Buches hat Knigge über den Umgang mit verschiedenen Menschengruppen geschrieben, zum Beispiel:

- Über den Umgang mit Leuten von verschiedenen Gemütsarten, Temperamenten und Stimmungen des Geistes und des Herzens (Erster Teil, 3. Kapitel)
- Über den Umgang mit Frauenzimmern (Zweiter Teil, 5. Kapitel)

- Über die Verhältnisse zwischen Herrn und Dienern (Zweiter Teil, 7. Kapitel)
- Über das Verhältnis zwischen Wohltätern und denen, welche Wohltaten empfangen; wie auch unter Lehrern und Schülern, Gläubigern und Schuldnern (Zweiter Teil, 10. Kapitel)
- Über den Umgang mit den Großen der Erde, mit Fürsten, Vornehmen und Reichen (Dritter Teil, 1. Kapitel)

Knigge heute als Synonym für Umgangsformen

Obwohl es heute klar ist, dass Knigge anderes verfolgte, als wir unter seinem Namen verstehen, soll ‚Knigge' als Synonym für den Bereich stehen, dem sich das vorliegende Handbuch widmet.

Wir behandeln das Thema Kommunikation in seinen Details. Ist das nichts anderes als der Umgang mit Menschen?

Gerade davon ausgehend, dass die zwischenmenschliche Kommunikation einen immensen Einfluss auf das Wohl und Gedeih eines Einzelnen nimmt, passt dieser Ratgeber gedanklich zu den Ideen des Freiherrn Knigge.

12 Ratgeber in der kleinen Knigge-Reihe

Der kleine ... -Knigge [2100] (Je € 9,70; 88 Seiten, 12x19 cm, kartoniert)

Anstands- und Banausen-...
Business- und Kunden-...
Büro- und Kollegen-...
Gäste- und Gastgeber-...
Gesellschafts- und Freunde-...
Outfit- und Stil-...

Interkulturelle- und Auslands-...
Bewerbungs- und Vorstellungs-...
Event- und Feste-...
Gastro- und Tischsitten-...
Speisen- und Exoten-...
Trinkkultur- und Getränke-...

12 x kleines Handbuch der Rhetorik 2100

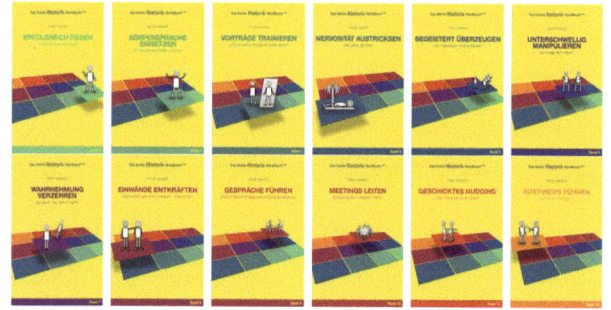

Der kleine Handbuch der Rhetorik [2100] (Je € 9,70; 100 Seiten, 12x19 cm)

Erfolgreich reden
Körpersprache einsetzen
Gezielt trainieren
Nervosität austricksen
Begeistert überzeugen
Unterschwellig manipulieren

Wahrnehmung verzerren
Einwände entkräften
Gespräche führen
Meetings leiten
Geschicktes Nudging
Interviews führen

4 Ratgeber in der Ego-Management-Reihe

Jeder Ratgeber € 14,90, 104 Seiten, A5
Persönlichkeits-Management – Ego-Knigge 2100 Soft Skills, Selbst-Reflexion und Selbst-Bewusstsein

Stress-Management – Ego-Knigge 2100 Lampenfieber, Stressoren, Gerüchte, Mobbing, Burnout, Stressvermeidung
Zeit-Management– Ego-Knigge 2100 Umgang mit der Zeit, Organisation von Arbeitsabläufen, Perfektionismus, Zielsetzung
Gedächtnis-Management – Ego-Knigge 2100 Gehirn, Intelligenz, Schwachsinn – Hochbegabung, Gedächtnis, Lerntechniken

4 Ratgeber in der Reihe Lebenseinstellung

Jeder Ratgeber € 12,95, 160 Seiten, A5
Aberglaube-Knigge 2100 Von schwarzen Katzen, der linken Hand des Teufels und den Glücksbringern

Lügen- und Egoismus-Knigge 2100 Überleben durch Flunkern, Schummeln und Täuschen! Macht, Respekt, Wertschätzung? Lebenslüge und Lebensschutz
Glücks-Knigge 2100 Vom Glücklichsein, positiven Denken und von Freundschaften
Angst- und Optimismus-Knigge 2100 Die Furcht beherrschen, Ängste nutzen und positiv durchs Leben gehen

3 Ratgeber Bräutigam, Braut, Brautpaar

Bräutigam-Knigge 2100 Verlobung und Polterabend, Schwiegereltern und das Ja-Wort, Hochzeits-Outfit und Hochzeits-Kutsche
Braut-Knigge 2100 Brautkleid und Accessoires, Das große Hochzeitsfest, Höhepunkte und Hochzeitstanz
Brautpaar-Knigge 2100 Historisches und Sonderbares, Planung und Organisation, Aberglaube und Hochzeitsbräuche
Jeder Ratgeber € 15,90, 104 Seiten, A5, kartoniert

2 Ratgeber Selbst-Coaching

Jeder Ratgeber € 12,95, 120 Seiten A5
Selbstbewusstsein Knigge 2100 Ich bin, ich kann, ich will. Das eigene Leben bestimmen, Soft Skills, The Winner 1
Selbstwertgefühl Knigge 2100 Steh auf! – Werde aktiv! – Zeige Profil! Das eigene Leben beeinflussen, Motivation, The Winner 2

Leben und Lifestyle

Das kleine Knigge-Quiz [2100] € 9,70; 96 Seiten, 12x19 cm, kartoniert

Jugend-Knigge [2100] Knigge für junge Leute und Berufseinsteiger, € 15,90; 152 Seiten

Zukunfts-Knigge [2100] Verfall der Sitten und Verlust der Wertschätzung? Umgangsformen in 100 Jahren. Zusammenleben mit Menschen, Maschinen und menschenähnlichen Robotern, € 14,95; 172 Seiten A5 kartoniert

Hochzeits-Knigge [2100] Hochzeitsbräuche, Geschenke, Brautjungfer, Trauung, Festgäste und Festmahl, € 29,95; 310 Seiten A5

Ü65- und Senioren-Knigge [2100] Die junge Alten und die alten Jungen, Kommunikation und Verständnis zwischen den Generationen, Einsamkeit und technischer Fortschritt, € 19,95; 180 Seiten A5

Blumen-Knigge [2100] Historisches, Mystisches, Festliches, Blumen-Sprache, Umgang mit Blumen-Präsenten, € 19,95; 144 Seiten A5

Bekleidung! Ausdruck der Persönlichkeit – Lukas' Outfit-Knigge [2100], € 19,95; 196 Seiten A5

Nudel-Knigge [2100] Himmlische Teigwaren, € 17,95; 140 Seiten A5

Der Interkulturelle Kompetenz-Knigge [2100] Kultur, Kompetenz, Eindrücke – Gesten, Rituale, Zeitempfinden – Berichte, Tipps, Erlebnisse, € 29,95; 240 Seiten A5

Wertschätzung-Knigge [2100] Gleichberechtigung, Gender und Respekt, Sexuelle Orientierung, Umgang bei Diskriminierung und Mobbing, € 14,95; 152 Seiten A5

Dschungel-Knigge [2100] Umgang in ungewohnter Umgebung, € 23,95; 192 Seiten A5

Der Dicke-Knigge [2100] Aus dem prallen Leben des Dicken, € 15,90; 104 Seiten A5

Typisch Frau – Typisch Mann Knigge [2100] Unterschiede und Gemeinsamkeiten im Umgang mit dem anderen Geschlecht, € 12,95; 128 Seiten A5

Kulinarischer und Gastronomischer Knigge [2100] Von Events, Feiern, Aperitif über Esskultur, Speisen und Getränken zu zeitgemäßen Tischsitten, € 26,50; 284 Seiten A5

Klo- und Pinkel-Knigge [2100] Vom privaten und öffentlichen Bedürfnis - Umgangsformen im Tabu-Bereich, € 13,50; 104 Seiten A5

Omi hüpf' mal Märchen meiner Großmutter, Erlebnisse ihre Jugend und wahre Geschichten meines Vaters von und über Omi Rickchen, Hardcover, € 29,95; 312 Seiten

Der Hunde-Knigge [2100] Umgang mit dem Hund – Hundesprache – Der Hund in der Gesellschaft, € 17,95; 180 Seiten A5

Welcome to Germany-Knigge [2100] Umgangsformen, Verhaltensmuster und gesellschaftliches Miteinander im deutschsprachigen Europa, € 11,99; 108 Seiten A5

Besuch willkommen Knigge [2100] Einladung, Gast, Geschenk, Empfang, Feier, Gastfreundschaft, € 14,95; 200 Seiten A5

Leben, Tod und Ansichten Austausch mit Berühmtheiten über Wichtiges und Unwichtiges im Leben, € 12,95; 116 Seiten A5

Leben, Tod und Überlegungen Austausch mit Berühmtheiten über Größe, Ewigkeit und Spaß im Leben, € 12,95; 116 Seiten A5

Tod, Trauer, Totenkult-Knigge [2100] Sterben, Trost, Takt, Bestatten, Tradition, Vorsorge, Tabus, Vergänglichkeit und Sonderbares, € 17,95; 212 Seiten A5

Leben und Lifestyle

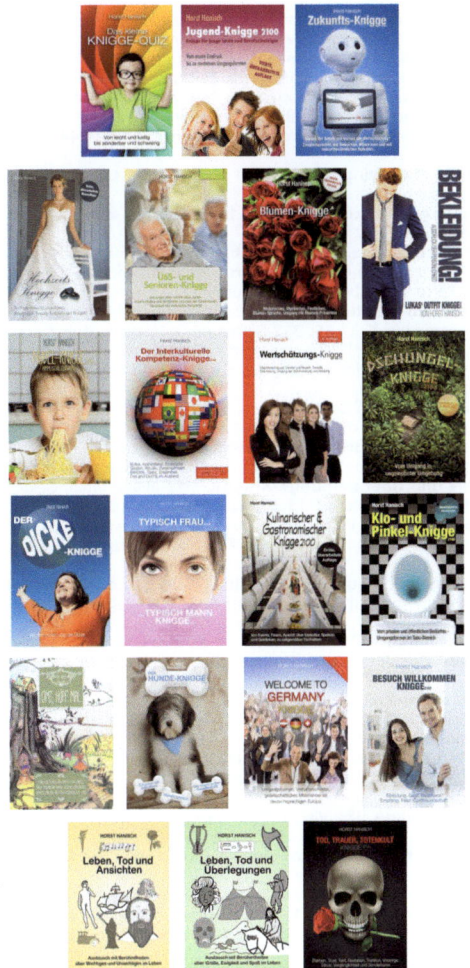

Rhetorik, Soft Skills, Hochschule, Beruf

Rhetorik ist Silber Von den ersten Schritten zu einer perfekten Präsentation, € 17,90; 144 Seiten A5, kartoniert, Zeichnungen
Moderation ist Gold Gesprächsführung, Umfragen, Talkrunden und Manipulation, € 17,90; 144 Seiten A5, kartoniert, Zeichnungen
Lebhafte Körpersprache in Vorträgen, Präsentationen, Gesprächen, € 17,90; 144 Seiten A5, kartoniert, ca. 290 Zeichnungen
Rhetoric – Mastering the Art of Persuasion, € 22,90; 144 Seiten A5, kartoniert
Discussion – Mastering the Skills of Moderation, € 22,90; 144 Seiten A5, kartoniert, Zeichnungen
Body Language in Europe, € 22,90; 144 Seiten A5, kartoniert, ca. 290 Zeichnungen
Körpersprache – Lüge, Verrat, Macht, Im Beruf, vor Gericht, beim Flirt – Gewinnerpose und Demutshaltung – Drohung und Zuneigung; € 29,95; 364 Seiten A5, kartoniert, über 400 Zeichnungen
Das große Buch der Rhetorik [2100] Tacheles reden; Präsentieren; manipulieren und überzeugen, € 37,45; 332 Seiten A5, kartoniert, viele Darstellungen
Trickreiche Rhetorik [2100] Psychologische Gesprächsführung, manipulierende Darstellung, unaufdringliches Nudging, € 37,45: 300 Seiten A5, kartoniert, Zeichnungen
Soft Skills-Knigge [2100] Soziale, Persönlichkeit, Selbstmanagement, € 37,45; 324 Seiten A5, kartoniert, viele Darstellungen
Schlagfertigkeit-, Spontaneität-, Stegreif-Knigge [2100] Impulsiv handeln, verbale Angriffe kontern, Störungen entwaffnen, € 13,50; 104 Seiten A5
Pitch Skills und Überzeugungs-Knigge [2100] Elevator Pitch, Geldgeber beeindrucken, Feuer versprühen, € 13,50; 128 Seiten A5, kartoniert
Smalltalk-Knigge [2100] Vom kleinen Gespräch bis zum charmanten Flirt - Kontakt ausbauen, Sympathie zeigen, Begehrlichkeit wecken, € 13,50; 100 Seiten A5
Quassel-Knigge [2100] Quasseln, Quatschen, Quengeln oder Lebenswichtige Kommunikation – Gezielt eingesetzte Rhetorik – Aussagekräftiges Profil zeigen, € 13,50; 112 Seiten A5
Hochschul-Knigge [2100] Studentischer Umgang in und außerhalb der Hochschule am Beispiel der Cologne Business School, 132 Seiten A5, kartoniert, Fotos
Jugend-Karriere-Knigge [2100] Schule und Studium, Netzwerk und Klüngel, Erfolg und Risiken, € 19,95; 224 Seiten A5, kartoniert, Zeichnungen, Checklisten
Bewerbungs-Knigge [2100] **für Frauen – Tina bewirbt sich / Bewerbungs-Knigge** [2100] **für Männer – Tom bewirbt sich**, Vorbereitung, Wahl der Kleidung, Verhalten beim Bewerbungsgespräch, je € 19,70; 128 Seiten A5, kartoniert, Fotos, Checklisten
Kreativitäts-Knigge [2100], Visionärhaft denken, Scheuklappen sprengen, Mentales Risiko eingehen, € 14,95; 164 Seiten A5, kartoniert
Team und Typ-Knigge [2100], Ich und Wir, Typen und Charaktere, Team-Entwicklung, € 14,95; 128 Seiten A5, kartoniert, viele Darstellungen
Die flotte Generation Y im 21. Jahrhundert, selbstbewusst – lebensbetonend – flexibel. Wie mit der Generation Y zielorientiert und erfolgreich gearbeitet werden kann, € 12,95; 116 Seiten A5, kartoniert, Zeichnungen
Die flotte Generation Z im 21. Jahrhundert, entscheidungsfreudig – effizient – eigenverantwortlich. Wie mit der Generation Z zielorientiert und erfolgreich gearbeitet werden kann, € 12,95; 140 Seiten A5, kartoniert, Zeichnungen

Rhetorik, Soft Skills, Hochschule, Beruf

Englisch:

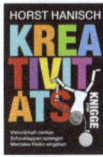  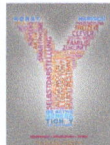 

Beratung, Coaching, Seminar

Wer hat nicht gerne mit Menschen zu tun, die selbstbewusst und selbstsicher mit anderen Menschen umgehen?

Geschäftspartnern, die die elementaren Regeln des ‚Benimms‘ beherrschen, stehen die Türen zum Erfolg offen.

Unternehmen, die neben ihrer fachlichen Leistung auch ‚menschlich‘ überzeugen wollen, bieten wir für ihre Mitarbeiterinnen und Mitarbeiter aktives Training im Umgang mit Kunden, Gästen, Kollegen und Gesprächspartnern an.

Auf unserer Website informieren wir Sie über unsere Angebote:

- Firmen-Internes-Training
- → Business-Etikette und das Lehrmenü
- → Präsentieren, Moderieren, Kommunizieren
- → Körpersprache und ihre Geheimnisse
- Offen ausgeschriebene Seminare
- → Teuflische Rhetorik
- → Flottes Reden vor und zu anderen
- → Der erste Eindruck

- → Ladies Power
- Individuelles Einzelcoaching
- → Authentisches Auftreten
- → Dress for Success
- → Verhandlungstechniken
- → Persönlichkeit
- Interkulturelles Training
- Freundlichkeits-Checks in Unternehmen
- Workshops

- → Soft Skills
- → Team-Training
- → Intensiv-Training für
- → TV-Auftritte
- → Vorträge
- → Präsentationen
- → Reden
- Fachliteratur und Arbeitsunterlagen
- Vorträge/Speaker
- → Vor kleinem und vor großem Publikum

Individuelles Coaching für Einzelpersonen: Und, wer es ganz individuell mag, greift zurück auf ein Einzel-Coaching. Hier werden ganz persönliche Herausforderungen angegangen, mit Themen wie:

- Interkulturelle Kompetenz
- Selbstsicheres Auftreten
- Präsentations-Techniken
- Erfolgreiche Verhandlungsführung

- Der Erste Eindruck
- Bewerbungstraining
- Rhetorik und Überzeugungskraft

und andere Themen – direkt auf die besonderen Bedürfnisse des Einzelnen zugeschnitten. Besuchen Sie uns auf www.knigge-seminare.de